职场领导力系列

用人的艺术

掌握问题调解、纪律管理和离职协商

［美］保罗·法尔科内（Paul Falcone） 著

魏翠翠 译

中国科学技术出版社
·北 京·

Leadership Defense: Mastering Progressive Discipline and Structuring Terminations
ISBN: 9781400230051
Copyright ©2022 Paul Falcone.
Published by arrangement with HarperCollins Leadership, an imprint of HarperCollins Focus, LLC.
Simplified Chinese edition copyright © by China Science and Technology Press Co., Ltd
北京市版权局著作权合同登记　图字：01-2022-6668

图书在版编目（CIP）数据

用人的艺术 /（美）保罗·法尔科内（Paul Falcone）著；魏翠翠译 . — 北京：中国科学技术出版社，2023.7

（职场领导力系列）

书名原文：Leadership Defense: Mastering Progressive Discipline and Structuring Terminations

ISBN 978-7-5236-0106-8

Ⅰ．①用… Ⅱ．①保… ②魏… Ⅲ．①人才管理学 Ⅳ．① C962

中国国家版本馆 CIP 数据核字（2023）第 043231 号

策划编辑	贾　佳　牛岚甲	责任编辑	孙倩倩
封面设计	创研设	版式设计	蚂蚁设计
责任校对	吕传新	责任印制	李晓霖

出　　版	中国科学技术出版社
发　　行	中国科学技术出版社有限公司发行部
地　　址	北京市海淀区中关村南大街 16 号
邮　　编	100081
发行电话	010-62173865
传　　真	010-62173081
网　　址	http://www.cspbooks.com.cn

开　　本	787mm × 1092mm　1/32
字　　数	82 千字
印　　张	6
版　　次	2023 年 7 月第 1 版
印　　次	2023 年 7 月第 1 次印刷
印　　刷	大厂回族自治县彩虹印刷有限公司
书　　号	ISBN 978-7-5236-0106-8/C・229
定　　价	59.00 元

（凡购买本社图书，如有缺页、倒页、脱页者，本社发行部负责调换）

序

激励、鼓舞员工以使其在职场中获得更高的满意度和参与感,这一话题一直以来备受人们关注,相比之下,领导力增强则是一个时常被忽略的话题。培养工作态度积极的员工十分重要,但是惩处和解雇"问题员工"也同样重要,因为没有哪家公司只拥有优秀员工。

我们可能会认为聘用的员工已经是最优秀、最出类拔萃的了,但是我们还是很难真正了解他们内心的想法。尽管面试、入职前测试、背景调查和资历调查都在"高概率招聘"中发挥着重要作用,但仍无法保证所有团队成员都会无私地支持你的领导,并为公司的成长和繁荣做出贡献。

当然,并非所有"问题员工"都来自外部招

聘。有时，公司内部调动或部门裁员也会导致管理者手下出现"问题员工"，而且有时权利意识和受害者心态会在老员工中滋生。

简而言之，所有员工在任何特定时间内都可能会面临严重的个人问题，可能他们只是不喜欢在这个团队中工作，或者不想与团队中的某些成员合作，或者对过去受到的伤害和当前受到的轻视很难释怀，等等。

无论这些问题以何种方式在职场中出现，毋庸置疑的是，你都需要在职业生涯的某个阶段处理这些问题。我们的目标不是评判任何人，而是分析情况，然后以专业且充满敬意的方式改变现状。但如果有员工拒绝自我革新，拒绝重塑与你和团队成员间的关系，那么这本书所讨论的领导力增强策略可为你解决这些问题提供直接的有建设性的指导。

本书要探讨的是具体、核心且实用的领导"雷区"，即使是成功的管理者，也可能会遇到这些职场"雷区"。请务必遵循这些指导原则,以免"踩雷"。此举并非让你变得疑神疑鬼,相反,是为了提高你的意识,充分利用你的本能、直觉或第六感。当一些迹象表明问题会出现时,你需要知道如何应对这些问题。同样重要的是,你需要知道何时、通过何种方式以及向谁吐露自己的担忧,才能在公司内部建立成功的联盟,对团队中可能出现的问题进行适当的建档记录。掌握并运用这些领导力增强策略会让你和公司获益良多。

免责声明：在本书中，作者交替使用了"他"和"她"，男女示例均为虚构。书中所述的相关情况适用于任何人。此外，请始终牢记本书不可用作法律指南，也不提供任何法律建议，因此当你需要适当的法律顾问和指导时，本书无法代替持照执业律师。你必须咨询律师，以获取与实际情况相关的法律建议。

目录

第一章 高难度对话、建设性对抗和增强员工责任感 / 001

解决态度问题 / 004

解决辱骂性语言过多的问题:快速改掉坏习惯 / 008

阻止霸凌行为 / 014

解决性骚扰问题 / 019

文化转变:打造健康互敬的工作环境 / 024

非正式对话的危险性 / 028

调解员工纠纷和建设性对抗的艺术 / 034

应对传播流言蜚语者、造谣者和告密者 / 042

解决体味问题 / 049

克服不愿直面问题的心态 / 059

第二章 渐进性纪律管理的关键：将权利范式交回公司 / 067

什么是渐进性纪律管理？

   它对公司和员工有何帮助？ / 070

惩处和解雇考察期员工 / 079

为何领导者实施渐进性纪律管理如此困难？ / 084

避免惩处记录错误 / 088

避免员工对毫无戒心的管理者进行"报复" / 091

纪律惩处记录的撰写方法 / 097

正式纠正措施的替代方案：澄清信 / 106

决策假和"沉思日"：有惊无险的戏剧性转变 / 114

最后一次机会协议与最终书面警告 / 123

被表现欠佳的员工威胁：

   危急时刻团队的战略性转变 / 128

第三章 因故解雇、裁员和协商离职 / 137

建议解雇前的记录审查 / 140

无渐进性纪律管理记录员工离职方案 / 144

立即解雇 / 153

协商离职和因故解雇 / 160

员工可以撤回口头辞呈吗? / 164

如果不能开除某些员工,是否可以裁减其职位? / 169

在裁员后安抚团队其他成员 / 175

第一章
高难度对话、建设性对抗和增强员工责任感

第一章

高难度对话、建设性对抗和增强员工责任感

本章将讨论如何处理职场中具有挑战性的一些问题,如员工态度恶劣、霸凌、辱骂、骚扰(特别是性骚扰)、传播流言蜚语、散布谣言、告密等问题。本书将重点讨论领导者如何与员工就这些问题进行严厉谈话,如何让员工对自身的行为负责,如何调节员工之间的纠纷,如何避免"无记录"对话以及如何正面面对问题——因为回避问题并非解决方法!

解决态度问题

管理者面临的常见挑战之一便是解决员工的态度问题，这些问题通常表现为员工翻白眼、叹气和使用敌对的肢体语言。员工可以轻松否认此类"无声"行为，因此管理者很难阻止这些行为的发生。

由于态度问题很难界定，因此一般情况下，管理者会尽力避免与那些"不理不睬"的员工发生正面冲突，而回避问题是阻力最小的处理方式。毕竟，作为管理者，谁都不希望给人留下易怒或多疑敏感的印象。尽管如此，怨恨的情绪仍然在管理者的脑海中挥之不去，而且经常会导致该员工被当众冷落。当压死骆驼的最后一根稻草落下时，那些被压抑的情绪有时会转化为一场公开的争吵，情况也会随之失控。

如果你想根除这个职场顽疾，请谨记以下两个

第一章
高难度对话、建设性对抗和增强员工责任感

要点。

第一,请私下告知对方你对其行为的看法以及她给你留下的印象。使用语言描绘出具体的画面,以便员工可以清楚地知道哪些行为存在问题;向员工本人寻求帮助来解决已有认知问题,并承诺听取其看法,改善该情况。

第二,在谈话中应避免使用态度一词,而是使用行为或表现等词来代替,后者更加中立和客观。态度一词比较主观,煽动性较强,通常会激发对方怨恨和愤怒的情绪,从而加剧分歧。更重要的是,在美国,法院对态度问题的定义仅仅是意见分歧和性格冲突。因此,在相关对话或纪律文件中,请你避免使用这一特定词语,这一点非常重要。

当你试图解决与某位员工间的沟通问题时,可以借鉴以下表述:

丽萨,我需要你的帮助。你知道的,在证明事实并非如此前,其他人都认为他们感受到的就是事实。我觉得你不是在生我的气，就是在生团队其他人的气。我的假设可能是错误的，但这是对你表现的真实评价。我不知道是否有什么事情对你造成了困扰，或者你觉得我没有全力支持你，如果是这些问题，请明确告诉我。

但你要明白，当你翻着白眼，叹着气说"好吧，我会搞定的"时，我在其他员工面前多么尴尬。你昂头叉腰所展现的肢体语言也充满了对我的抵触。

你认为我要求你按时完成工作是无理要求吗？我是否应该向你跟进项目的完成期限？或者说你应该让我了解你项目的进展情况？如果你是一位管理者，而你的下属在其他同事面前这样回应你，你会怎么想？同样地，如果我也以同样的语气和肢体语言来回答你的问题，你会作何感想？特别是我在团队其他成员面前这样对待你时，难道你不会觉得我不够尊重你或者居高临下吗？

第一章

高难度对话、建设性对抗和增强员工责任感

请注意以上这段话中的重点:"你给我的感觉……"和"你会怎么想……"是唤醒他人感觉认知的常用表达。感觉没有对错——它们就是一种感受而已。当将此类表述用于"这里的看法有所不同"等开场白结合使用时,员工通常会更愿意客观地听取你的观点。毕竟,每件事情都有两面性,如果管理者以正确的方式呈现问题,那么下属通常不会否认自己对该问题负有部分责任。然而,下属通常想要被倾听,并获得他们的领导(也就是你)的关注。因此,管理者应抓住这个机会,宣布休战,客观了解事情的来龙去脉,以对话的方式解决这一问题。

解决辱骂性语言过多的问题：快速改掉坏习惯

常言道："有时重要的不是'你说了什么'，而是'你怎么说'和'你向谁说'。"例如，如果某位员工的手指被抽屉夹了一下，并骂了句脏话，这可能是一种会收到书面警告的违纪行为，但还不至于被解雇。

但如果你的下属对着你骂了句脏话，那么你可能会想要解雇这位员工。下属对你的恶劣对抗行为，往往使你无法从雇主的角度分析事态，"好吧，我这次只是给他一个警告，希望他不要再做这样的事了"。如果一家公司在这种情况下仍没有解雇员工，那以下两个原因可说明公司的失职：第一，如果继续放任这种无理行为，会为公司树立不负责任的形象；第二，这可能会成为一个危险的先例，引

第一章

高难度对话、建设性对抗和增强员工责任感

发将来更严重的不服从行为和潜在的骚扰行为。毕竟，如果公司在这些情况下都没有解雇员工，那将来还能找到什么恰当的理由来解雇员工呢？

当某个员工对自己"口吐芬芳"的行为洋洋自得时，特别是当其他同事向你表达她不想在工作时听到这类语言时，你可以使用以下方式来回应那些在言语上冒犯你的员工：

吉姆，我之所以与你在我的办公室单独会面，是因为我们现在有个情况需要你帮忙解决。到目前为止，你说话总是无所顾忌，我知道你是想通过丰富的言辞来活跃气氛。当然我们都很欣赏你的幽默感，但是我们也注意到团队中的一部分人觉得这种幽默感有点失当。作为公司的一分子，当我们意识到有人可能受到语言或行为冒犯时，我们都需要做出调整，以便使每个员工都能感到舒适。我需要你的帮助来强化这一认知，而且我也希望你能承诺，从现在开始，我们不会再听到任何不恰当的言论。

你会支持我的做法吗？

这是一段非常合乎情理的开场白，大多数员工都能接受这样的说辞。

但是，如果吉姆告诉你他真的无法控制自己，那你要怎么办呢？事实上，他甚至都没有意识到自己在说脏话，因为他已经习以为常，很难改变了。从他出生开始，他的家人便是这么说话的；在他成长过程中，他的朋友也是这么说话的。再说了，"我们在同一个团队，都是朋友，不是吗？我们不能默默地保持现状吗？到底有什么好大惊小怪的"。当你听完他的解释后，便可以更加严格地实施该规定：

吉姆，你没有理解我的意思。这不再是你一个人的事情——这关系到你周围的同事和公司整体。当有人让我们注意到他们不喜欢职场中存在的粗话、戏谑的调侃和玩笑时，一种全新的范式便会应运而生。在这一点上，我们无法再一笑置之，放任

第一章
高难度对话、建设性对抗和增强员工责任感

其发展。如果我们放任不管,便会面临员工因敌意工作环境而提出索赔的风险。众所周知,敌意工作环境索赔是性骚扰的一部分,也是我们公司反歧视规定的一部分。

简而言之,我们要提醒你,必须立即停止这种言行。如果你认为自己真的无法接受我们的要求,那你可能需要重新考虑一下自己的职业规划。如果你真的无法或不愿在这方面做出调整,那么下次出现这种情况时,你可能会被解雇。

我并不想跟你谈论这个问题,因为你是一名优秀的员工,但是你需要知道并正视这一点:我们不会允许你将公司置于敌意工作环境索赔的风险中。

在这种情况下,记录会是这样的:有员工向公司反映,吉姆的粗话和不合时宜的笑话令其感到不适。公司未采取任何行动来修正吉姆的行为。提出投诉的员工会起诉公司未采取行动来解决该问题。你现在了解我们面临的挑战以及我为何需要你的帮

助了吧？

一旦你以这种直截了当的方式说明了相关法律问题，再顽固的违规者也会严肃地对待这次谈话。如果你需要进一步说服吉姆，那么你可以这么说：

对了，吉姆，还有一件事：我说这些不是为了吓唬你，但是我希望你能从中吸取教训。如果公司被起诉，那你也会被列为该诉讼案的个人被告。事实上，当公司警告员工而员工拒绝做出改变时，该员工可能会被视为"无法胜任工作"。而且，在这些情况下，公司的法律团队不一定会保护你。你必须自己聘请律师支付索赔引起的损害赔偿。

吉姆，这实际上是两个独立的法律问题：一是个人责任的概念；二是"超出范围"概念，即如果员工承担个人责任，那被起诉的机构是否还会赔偿。你应该不想触及这两个法律问题中的任何一个。我们付给你的薪水，还不足以让你应对与工作相关的诉讼，所以当你发现自己故态复萌时，请务

第一章

高难度对话、建设性对抗和增强员工责任感

必来我的办公室一趟,我会再次提醒你在职场说脏话可能会面临的风险。

如果吉姆并没有将这次谈话当回事,而且坚持认为这些都是微不足道的小事,请以书面形式(书面警告和澄清信)向其传达你的关切和期望(此文件不能作为正式的纪律处分文件,因为该文件没有提及任何后果,如果吉姆"未能立即和持续改善",可能会导致公司进一步的行动)。但是,书面文件通常会带来强烈的压迫感。

阻止霸凌行为

校园霸凌是指一部分孩子对另一部分孩子的攻击行为，是学生和教师一直面临的难题，而霸凌现象在职场也引发了越来越多的关注。跟校园霸凌者一样，成年的霸凌者也是缺乏安全感的人，很容易认为自己受到了他人的威胁。当他们感受到威胁时，他们可能会将自己的不安释放出来，并向预定目标发起攻击，贬低其价值；他们可能会通过奚落和嘲笑等羞辱人的手段来提升自我感知力。这会造成一个恶劣的工作环境。

员工受到的辱骂、威胁、恐吓、戏弄或奚落都可归类为侵扰和骚扰行为，组织应该重视出现此类行为的人的情绪和心理暴力。此类攻击可能是口头上的、身体上的（如挡住某人的路），也可能是视觉上的（如抛媚眼或"盯着别人不放"）。尽管霸凌

第一章
高难度对话、建设性对抗和增强员工责任感

在职场中是普遍存在的现象，但与性骚扰或种族歧视相比，霸凌所受到的法律约束要少得多。而且霸凌行为很难界定，霸凌者很容易否认自己的行为，取证也很困难。

研究表明，男性霸凌者和女性霸凌者的比例一样。很多时候，职场中的霸凌都来自上级领导。当某位员工向你抱怨，他觉得上级领导剥夺了自己的尊严或公开羞辱自己时，你可能要处理的是一个职场霸凌事件。职场霸凌会打击目击者的士气，还可能会给公司带来严重的经济损失。

员工通常会因为害怕遭到打击报复，而不会直接向部门主管或人力资源部门投诉直属领导。然而，即使遭受霸凌的员工没有提起正式投诉，但只要出现霸凌行为，你也需主动处理此类事件：

莎拉，今天下午，我与你会面，是因为今早我目睹了你与团队成员召开的员工会议，显然你的处理方式令我十分担忧。我目睹了你与罗恩的对话，我认为这是一场公开的羞辱，在我看来，你这么做是为了在其他团队成员面前剥夺他的尊严。你能回想起那次会议吗，特别是我所说的场景？

对此，这位管理者可能会使出浑身解数为自己的行为辩护："罗恩做了一件极其愚蠢的事情，他给客户打电话说……"

莎拉，这与你的论点是否正确无关，而且我也不需要你的任何解释。无论罗恩做了什么，或者没做什么，都不是我们坐在这里的原因。我们之所以坐在这里，是要谈一谈你在今天早晨员工会议上，在团队其他成员面前的言行。

我明确告诉你，在任何情况下出于任何原因对下属进行霸凌都是违反公司规定的。更重要的是，这会让我对你的领导力以及你是否适合当前职位产生怀疑。

如果让我评价一下你今天的所作所为，我会说你在同事面前对下属进行了羞辱、打压、忽视和

第一章
高难度对话、建设性对抗和增强员工责任感

孤立。这对公司的士气没有好处，也不利于团队合作，而且还会衍生出畏惧文化。随着时间推移，公司会为此付出代价，如工作效率下降、人员流动增加、旷工以及不必要的员工离职和诉讼等。你今早的行为给公司带来了巨大的风险，既会增加与压力相关的健康和安全风险，也会提升不必要的人员流动成本。你不能再剥夺他人的尊严或再公开羞辱他们。我们这次会面，就是为了确保你不会再这么做。你明白了吗？[是的。]

好的。莎拉，这次我不会就此事出具书面警告。但你要知道，如果我再次就此问题找你谈话，我会向人力资源部提出建议，让他们尽可能积极地处理这一事件，其中可能会包括立即解雇。

好吧，你狠狠教训了她一顿，但没有以书面警告的形式对此次谈话进行记录，便轻松放过了她。当然，你有权这么处理。但请务必密切关注莎拉和她的下属，以确保不再发生进一步的冲突。此外，

记录下本次谈话的主要内容、日期、地点和时间，以便在需要时查阅。另外，请别忘了提醒人力资源部，让他们留意一下这个问题。

如果你坚决认为另一个同类事件应该受到立即解雇的惩处，那你最好以最终书面警告的形式记录自己所发现的种种，而不只是一个简单的谈话。不要错过记录恶劣不当行为的机会。如果你没有记录此次违规行为，也没有创建反复违反公司规定的跟进记录，那再次出现违规行为后，可能仍很难解雇员工。

第一章

高难度对话、建设性对抗和增强员工责任感

解决性骚扰问题

性骚扰涉及各行各业大大小小的管理者。该问题的根本原因不在于知识匮乏，而在于公司有时会在不经意间放任有害行为在职场中肆意蔓延。另外，个别管理者对下属或同事存在长期侵害行为，双方对此事的看法不同，使公司和个人的责任很难界定。

更糟的是，许多高管、经理和主管并不知道他们可能要承担某些行为（如骚扰、协助和教唆歧视或打击报复，具体取决于他们所在的州）中的个人责任。虽然根据就业法，管理者无须承担责任，但是一些联邦和州法律可能会判定个人责任。包括性骚扰在内的具有保护特征的骚扰或欺凌行为，经常会引发此类索赔，只有当管理者发现自己正处于调查的风口浪尖时，才会意识到自己的个人资产

用人的艺术

（房子和银行积蓄）正因自己的严重不当行为而面临风险。

面对这样的问题，关键的解决方案是将相关人的行为与其个人责任挂钩。例如，一位年轻男子——加利福尼亚州的一位电视制作人——泰德制作了一档广受好评的电视节目，他便开始骚扰女制片助理和女实习生等。这时，你要怎样扭转他强势的个性和自大傲慢的态度呢？非常简单：控制他的钱包。来看看怎么做：

总经理：泰德，作为工作室的总经理，我邀请了人力资源部的保罗参与我们的谈话，你可能对此不太理解，但这次谈话对你职业的现阶段和未来发展至关重要。我知道你的节目很火，你在城里也很受欢迎，但是据我们了解，如果你不能尽快控制自己的言行，这些言行可能会严重阻碍你的发展，甚至会毁掉你和节目的声誉。保罗，能麻烦你为泰德详细说明一下吗？

第一章

高难度对话、建设性对抗和增强员工责任感

人力资源部代表：没问题。泰德，我听说你可能在骚扰几位年轻的女制片助理和女实习生。我没有目睹这种情况，但我听片场的一些人反馈，这种情况可能是存在的，而你这些举动很令人反感。这也是我们今天进行这场谈话的原因。

首先，我们要提醒你，你要遵循有关反骚扰规定，而且我们有责任调查这些指控。如果你有这种行为，那你可能违反了公司的相关规定，公司可能会对你采取惩处措施。

其次，你的多数上级或同级管理者都忽略了一些基本问题，也可以说，你违反该节目的反骚扰规定不仅会令自己丢掉工作，同时作为一个高收入个体，你鼓鼓的钱包会使你成为很多人的目标，城中的律师很乐意接手与这类人相关的性骚扰索赔，因为这种索赔的两个目标——工作室和制作人一般都资财颇丰。原告律师知道，我们需要不惜一切代价避免负面舆论，因此会尽快了结所有索赔。这对原

告及其律师很有利，同时也意味着他们会将我们视为待宰的肥羊，而你则是他们的个人目标。

因此，我要对你说明这一点，以确保你意识到自己的行为不仅会危及你的工作，还可能会造成你个人财产的损失。还请谨记，在许多州，你可能会因行为不当而被起诉，并且会被处以个人罚款，最高可达5万美元；但在加利福尼亚州，这个罚款没有上限。如果我不向你说明这些，可能会对你造成伤害，而且我也不希望你在收到性骚扰起诉后，才知道自己可能要为这种行为承担个人责任。

此外，请务必记住，你不能与团队中的任何下属约会。作为节目制作人，你是整个团队的领导者，因此团队中的每一位成员都是你的下属。相应地，公司也不允许管理者同下属谈恋爱。至少，你在准备恋爱前，应立即主动向我们汇报，然后我们根据上报的情况决定如何处理这段关系，以保证此档节目不会受到潜在索赔的影响。

第一章
高难度对话、建设性对抗和增强员工责任感

你的成功就是我们的成功,泰德,我们当然希望这种成功继续延续下去,但是我们不会允许这档节目受到你失职行为的影响。你对刚才我分享给你内容有什么疑问吗?〔没什么问题,我没有意识到这些。〕好的,那就好。我希望你对事情恶化的速度有更加清晰的了解。如前所述,我们会进一步调查此事,因此请与我们保持联系。如需任何帮助,可以随时来找我,如果你需要任何建议或指导,请记得我一直都在。

希望泰德在了解这些信息后,能认真考虑自己今后的行为方式。

文化转变：打造健康互敬的工作环境

由于很多行业仍然存在性骚扰问题（尽管为了避免此类问题，组织已对管理者进行了多年的培训），因此要想解决此问题，需要完善办公室或车间的问责制度以及员工的包容和尊重意识。这不是一两个小时的培训就能解决的。它需要全面的文化变革。

此类培训可能是一个不错的开始，可保证员工对公司规定及与报复相关的警告有最基本的了解，但是此举并不能真正实现文化变革；只有公司的所有一线管理者以身作则，以适当的行为承担起维护友好、包容的工作环境的责任，才能实现文化变革。启动此类计划，应从讨论不恰当行为的影响以及大家应如何改变才能为所有人带来更好的工作体验入手。

第一章
高难度对话、建设性对抗和增强员工责任感

管理者的言行举止对员工产生的影响会远超管理者的预期。作为公司的一名领导者，应如何保障公司不会遭受性骚扰行为的荼毒？此问题的答案便是开诚布公的沟通和适当设定的期望。建立一个没有性骚扰的工作环境，关键在于以下核心内容：尊重、包容、无私和危机时同舟共济的意识。积极主动的团队解决方案可以提升团队成员的情商。虽然有时让人们发现自己给他人留下怎样的印象是个极具挑战的事情，但这是一项很有价值的活动，可以提供经得起时间考验的真实生活经验。

你可以使用以下措辞作为部门和团队会议的开场白：

各位，我召开这次会议是为了与大家探讨一个事关所有人的话题：性骚扰。请不要翻白眼。我在很认真地讨论这个问题。我们很重视员工之间的和睦相处和彼此尊重。我召开这次会议不是例行公事，而是因为我想要同大家认真讨论下这个问题。

我想让诸位知道，我会一直支持大家，但是某些行为和行为方式会越界，并且很快便会带来严重后果。

首先，性骚扰受公司反歧视规定监管。公司根据相关法律法规制定员工行为准则。被指控和被认定为违反公司反歧视规定的人需要承担严重的后果，如纪律处分，情节恶劣的会被直接开除。换句话说，公司的这条规定是有效力的，公司会执行该规定，不会对违反规定的行为视而不见。

其次，我们期待的健康积极的工作环境应该是什么样子呢？我们需要保证彼此间的高度信任和尊重，以便我们在面对挑战时彼此间充满善意。我希望你们大公无私地将他人的需求放在自己的需求之上。我希望我们的团队是一个不断进步、互相支持的团队，大家能够对在这里共事怀有赞赏和感激之情。我希望我们的团队能成为其他团队的表率，收获他们的尊重，而这不仅是因为我们出色的工作能力，还因为我们团队成员的珍贵友情。我希望我们

第一章
高难度对话、建设性对抗和增强员工责任感

的团队可以成为一个人人都想加入的团队,因为我们互相支持且顾及彼此的最大利益。

最后,不管怎样,我们都要尽量心怀同理心。这是我期望的团队模式,这也是你在自己整个职业生涯中管理团队时应该考虑的团队模式。

要偶尔在每周的周会上提及这个主题,并在每季度的检查中将此视为一个正规问题进行讨论。你为他人树立了行为榜样,并通过自己的行动展示了这是如何发挥作用的。

非正式对话的危险性

很多领导者都会在无意间"踩雷",他们要么说了太多,要么给出了无法兑现的承诺或保证。这类雷区常常与过分承诺保密相关。如果员工要求与你进行非正式对话,请掌握以下话术,以便快速做出答复:

可能可以。具体取决于你要说什么。劳拉,如果你想谈的与以下三件事有关,那么我无法承诺为你保密,因为我有对公司高层主动上报此事的义务。这三件事分别是职场歧视或骚扰、潜在的暴力行为、与公司业务相关的内在利益冲突。如果你要谈的与这三件事无关,那我很乐意与你谈谈。如果与这三件事相关,那么你可能并不想告诉我,因为我出于职责会将此事汇报给高级管理层或人力资源部门。

第一章

高难度对话、建设性对抗和增强员工责任感

等等！领导者指示下属不要将自己心中的想法或困扰告知领导，这合理吗？我认为是合理的。如果员工想进行非正式对话，且不想让谈话内容上报，如果事关以上三个领域中的任何一个领域，他们就不应该告知自己的上级领导。同样地，领导者需明确，他们可能不得不披露此事，但这样做违背了他们与员工达成的保密协议且破坏了员工对其个人的信任。

以下是一些常见示例，当员工要求进行非正式对话时，请勿承诺绝对保密：

- "我担心阿什利会因为马修不断提出的约会要求而感到被威胁或骚扰。她让我不要向任何人提及此事，我想帮她，但不知道能做些什么。"
- "今天早上，程序员科尔从衬衫口袋里掏出一颗子弹，在他自己桌子上重重敲了三下，喊

道:'今天最好不要来烦我。'我们都被吓坏了,因为我们都知道他的汽车后备厢里放着把步枪——他常在下班后去步枪靶场练习。"

- "我知道你不是我的上司,但是我一直很喜欢与你共事。我有一个在×××公司从事兼职工作的机会。我知道他们是我们的直接竞争对手,但是他们愿意出60美元的时薪,让我在接下来的三个月里,每周为其工作20个小时,来帮助他们完成项目。这肯定能帮我赚到更多的钱,但是我不想让别人知道。我真的很激动!"

在此类情况下,为什么你有明确义务披露自己的发现?因为从法律角度而言,如果员工通知了公司的一位领导(可以是主管、经理、董事和副总裁等),那便可视为其通知了整家公司。

以下是其在现实中的运作方式:公司的一名前

第一章
高难度对话、建设性对抗和增强员工责任感

雇员决定与律师聊一聊，她认为公司解雇她是不合法的。在咨询期间，这位员工主动向律师透露，她有时会感受到来自上司的威胁，因为上司常会对她的体重进行言语攻击和诋毁。律师会进一步询问，并从中得知这位上司还会委婉地评论其年龄和穿着打扮。

太好了！律师现在认为前雇员有权针对雇主因年龄、性别和所谓的缺陷（由于主管的体重言论）而做出的不当解雇、歧视和骚扰提出索赔——这可能会导致惩罚性赔偿的判决。下一个问题才是关键。律师问："你是否向管理层的人说过自己的感受？"该员工犹豫了一下，回答说："嗯，说过，但也不算说过。我告诉了吉姆，他是个主管，但他不是我的主管。他答应了我会保密，而且他做到了，对此我十分感激。而且，我也不希望他卷入这些事情中，或者惹上任何形式的麻烦。"

太晚了！这起涉及歧视和骚扰的诉讼已经明显

有利于原告方，而吉姆——公司信任的主管将成为这一转变的主因。他将接受一系列的质询和采证，而且最终可能会被要求出庭作证，以证明其作为公司领导者之一，为何没有明确上报向他投诉的歧视和骚扰。他可能会怯懦且满含歉意地回答："嗯，加布里埃尔让我保密，我想尊重她的要求。"

轰！"地雷"刚刚被你踩爆了。案件的全部症结将转移到吉姆没有上报他了解到的骚扰事件。原告律师会巧妙辩称，从法律角度来看，作为主管的吉姆一旦知道了这件事，那整家公司都将被视为知道此事，而公司却没有采取任何措施来阻止这种恶劣的不当行为，从而使加布里埃尔遭受了歧视和骚扰行为。做个好人，就是这个下场！作为一名主管，吉姆挨了本书中最重的一记拳：他未上报应向高级管理层或人力资源部汇报的事件。不幸的是，他的决定给自己惹了麻烦，因为整个诉讼案件最终会归咎于他没有尽到自己的工作职责。

第一章
高难度对话、建设性对抗和增强员工责任感

原告律师没有义务维护旧日友谊。他们的工作是揭露公司短板，而此案例中的"公司"指的是对自己的法定责任没有清晰认知的个别领导者。因此，避免过度承诺保密至关重要。领导者的这些错误或疏忽给自己惹上大量的麻烦，并让很多人丢掉了工作。

请谨记，如果有员工要进行非正式谈话，请你回复"可能可以"，而不是"好的"！然后按照以上脚本，在员工说出她内心深处的秘密之前，说明你自己的期望。员工可能不清楚他们会给你带来多大的麻烦，但是现在你知道如何保护自己不受这颗"地雷"的伤害了吧。

调解员工纠纷和建设性对抗的艺术

美国公司的部门经理,往往都感受过员工之间紧张的关系和不断的冲突带来的挫败感。让我们面对现实吧:若想在工作中不引起感情伤害、怨恨,从而让你觉得自己更像一个裁判,而不是一个忐忑不安的管理者,通常还要付出很多的精力才行。

出于挽留人才的迫切需要,管理者必须找到让员工再次"融入"的方法,否则便会面临频繁的人员流动。但是,员工总是会采取阻力最小的方式——回避来对待彼此,而不是正面解决问题。作为管理者,你必须以中间人的角色介入,以确保不会因缺乏沟通造成绩效问题或人员流失。

当新的人际冲突首次出现时,假装问题不存在或让员工自己解决问题可能是一个安全的策略;然而,一旦最初的挫败感加剧,就需要领导者介入

第一章
高难度对话、建设性对抗和增强员工责任感

了。当你手下的两名员工发生冲突时,与两人分别谈话,阐明你打算如何解决该问题:

山姆,等我和你单独会面完,也会和克里斯蒂娜单独见面。我想让你明白,我们将如何解决你们俩潜在的紧张关系,这种关系已经变得越来越明显了。

我想通过这次谈话,先听听你的说法,然后在今天晚些时候与克里斯蒂娜谈话时,同她分享你的观点。之后,我也会将克里斯蒂娜的想法分享给你。最后,我们会进行一次三人谈话。我们可以聚在一起,这样,大家都能意识到彼此的问题,集中精力研究如何解决这一问题。

简而言之,我们会通过三次谈话解决这个问题。山姆,我们现在的对话是三次谈话中的第一次。我们这次谈话结束后,我会与克里斯蒂娜会面,那将是第二次谈话。与克里斯蒂娜会面后,我会联系你,将克里斯蒂娜的想法反馈给你。最后,第三次谈话会安排在明天早晨,届时三人会一起讨

论这个问题。重申一下,每个人都知道这个问题,因此不会有什么意外情况,我们要像成年人一样解决问题,对彼此尊重。我说明白我打算怎么处理此事了吗?

现在,听听山姆的说法。询问山姆对自己跟克里斯蒂娜的关系有哪些期望,以及为了改变克里斯蒂娜的感受,他愿意改变自己的哪些行为。

之后,与克里斯蒂娜进行同样的谈话,了解她的说法,然后与山姆分享她的看法。总体来说,双方都需先从你这里了解彼此的说法,才能充分思考此事,从而决定如何应对你即将举行的小组谈话。假设大多数人都需要时间来思考此类事件,而睡眠有助于其思考,那么你可以将会面的时间定在第二天的早晨。使用以下话术,与手下的两位员工设定小组谈话的基本规则:

好了,山姆、克里斯蒂娜,在我们开始前,我需要明确一下我们必须遵循的两条重要的基本规则。

第一章
高难度对话、建设性对抗和增强员工责任感

首先，你们已经了解了对方的说法，因此在这次谈话中，应该不会出现什么意外情况。你们不用再有什么保留。这是一个开诚布公的好机会，如果你们隐瞒不说，那将错过这个分享自己看法的黄金时机。这是你职业生涯中难得一遇的机会，我不打算在未来反复处理这些令人压抑的问题。我们现在就来解决这个问题。今天的谈话结束后，我会重新欢迎两位加入公司，就如同你们第一天入职一样。我还希望两位从此刻起都承担起重塑工作关系的责任。我的方法还算公正合理吧？［是的，非常合理。］

其次，你分享的每件事都必须考虑到他人的最佳利益，并要秉持建设性的反馈精神。在本次谈话中，你们既不需要进攻也不需要防御而需要站在彼此的立场上，了解对方的感受。你们双方能遵循这些基本规则吗？［可以遵守。］

在第三次谈话前说明这些内容会自动降低与会者的焦虑或愤怒。这次谈话使你有机会以温和的方

式处理人际关系问题，这些问题就像伤疤，有的会持续很长时间。

在此次小组谈话中，你会时不时发现，他们双方都会先直接向你（调解人）提出问题，就好像对方不在这里一样。使用第三人称"他—她"的讨论，需要转变为"你—我"表达的对话。为了实现这种转变，你只需在与会者开始使用第三人称发表意见时中止会议即可。要求员工进行直接对话，就像你不在这里一样。最初，这对两位与会员工而言可能有点挑战性，特别是当他们情绪比较激动的时候，但是直接对话效果最好。毕竟，你正在帮他们解决彼此间的问题。

此外，鼓励两位员工使用以下表达——"这就是我的感受""你能理解我为什么会有这种感觉吗"。感觉没有对错——它们就是一种感受而已。由于感觉在被证明并非如此前都是真实的感受，每个人都有责任让其他人意识到这些感觉的存在，这

第一章
高难度对话、建设性对抗和增强员工责任感

些感觉都是随着时间推移逐渐形成的。

要知道,认识的提升会促使员工主动承担不完美情况的部分责任。例如,如果克里斯蒂娜觉得自己和山姆的关系不好,并向他坦言了自己为何会有这样的感受,同时承认这事涉及两个人,而她也有部分责任,那山姆很可能会对克里斯蒂娜抛出的橄榄枝做出积极回应。

可以说,你一旦突破了对手的心理防线,你便赢得了这场战斗。当他们与彼此交谈,承认自身都存在一定问题并展现出解决问题的意愿时,你便会明白自己存在的意义。这类管理干预通常不是事实调查。相反,这类干预是敏感培训性会议,会议中的善意和开诚布公自然会治愈与自我和原则相关的创伤。

可以下面的方式结束这次谈话:

克里斯蒂娜、山姆,现在你们都听到了对方的说法。我不奢求你们成为至交好友,但为了避免

影响工作，我要求你们从现在开始彼此尊重，并进行开诚布公的沟通。最后，我希望两位都好好考虑下，自己愿意改变自己的哪些行为，以促使对方态度的改变。

我想用两个问题来结束这次谈话。首先，你们是否可以承诺善待彼此，并且从此时起以善意的视角看待对方？其次，如果情况没有改善且对工作造成了负面影响，那我下次的处理方式便可能是正式的渐进性纪律管理，而不再会像这次一样和气地坐下来沟通了。你们清楚了吗？

瞧，你给了两位员工机会，让他们发泄和分享了各自对问题的看法。在双方都表示要改变自己行为方式的前提下，你可以建设性地结束此次会议。你还要营造出一种担忧，以便双方从中认识到如果问题再次显现，你会有更加正式的管理措施，最有可能的形式便是书面警告。

请记住，不论你多担忧，你都无法彻底消除他

第一章
高难度对话、建设性对抗和增强员工责任感

们之间的分歧，只有他们自己可以。但你可以为解决员工纠纷提供一个平台，让他们展现出自己最好的一面。建立开放的文化意味着在安全和彼此尊重的工作环境中处理问题，这种文化氛围可以提升你作为领导者的地位，并为自己收获公平裁决分歧的赞誉。要留住员工，最好的方法便是尊重、关心、维护员工。

用人的艺术

应对传播流言蜚语者、造谣者和告密者

打探同事或雇主的个人隐私、工作方式或难言之隐的人可能会无缘无故地挑起事端。比如，员工制造或传播谣言后，即使没有事实依据，也可能会毁了他人的名声，还会伤害他人的感情。

大多数人都知道，搬弄是非是非常错误的行为。这种行为由来已久，造成的恶劣影响程度不一。但在职场中，再也没有什么行为比放任公司"小道消息"横行更能削减员工士气和信任了。这种行为就像苹果中的虫子，慢慢啃食掉构建友谊和信任的善意和尊重。

以下是解决这类问题的一个方法。询问流言针对的员工（我们叫他科里），他认为谁是这个流言的始作俑者，但这么做不太靠谱；除非有人自愿承认，我们无法达到对造谣者进行谴责或指控的最终

第一章
高难度对话、建设性对抗和增强员工责任感

目的。重要的是你要如何解决这种情况,以及如何重新设定对员工的要求:

各位,因为最近听到有关科里私生活的流言,所以我邀请了科里来参加此次会议。我们不知道这个谣言的始作俑者是谁,如果你们当中有人想在会后同我私下谈谈,自己是如何捏造和传播这个流言的,我很乐意听听你的说法。

但现在,我想让你们知道这样的流言有多伤人。我们在一个团队中,如果某个人的行为伤害了团队中的一员,那这个人会以同样的方式伤害其他人。平心而论,如果有人编造或传播有关我私生活的流言,而这些流言跟我的工作表现毫无关系,我会非常生气和难过。

这事关尊重,包括员工间的尊重和员工对我们团队的尊重。

我需要明确一点:我希望不会有人再遭受这种人身攻击或公开羞辱。我也希望我们部门的每个

人都能阻止其他人传播事关他人隐私的流言。简而言之，就是如果你没什么好话可说，那就什么也别说。诸位是否同意我的观点，并承诺将来践行以上行为？［是的，同意。］

科里，我代表整个团队，对那些可能对你造成伤害或冒犯的流言深表歉意。在将来的工作中，我们会竭尽全力阻止此类行为的发生。我代表整个团队，再次为我们团队中出现的缺乏判断力的行为向你致歉。不知我是否漏掉了你有想要与我们分享的事情，或者你需要我们知道的重要的事情吗？［没有了。］好的。感谢诸位的出席。

最好的处理方式始终是当着谣言受害者的面开诚布公地辟谣，并为某些人缺乏判断力而导致的认知错误向受害者道歉。

现在，如果你当场抓住了一个说闲话的人，你会怎么处理？这种情况需要速战速决：

贾斯汀，你的一些行为使茉莉成为一些办公室

第一章

高难度对话、建设性对抗和增强员工责任感

恶劣玩笑的受害者。你可以想象，这些与茉莉毫不相干的流言令她多么窘迫和难堪。而且，你的麻木不仁也令我十分失望。

我要说清楚。在这个时候，你存在一个思想问题——你参与了八卦，增加了公司的流言蜚语，而这导致我们的工作环境趋于恶劣。从现在开始，我要求你对自己的思想问题负全责。

我觉得你应该道歉，但我会让你自己决定。从现在起，我真心希望你反思一下自己的行为，以及自己是如何在不经意间让一个同事成为他人眼中的笑话、感觉自己被忽视和低人一等的。贾斯汀，这很可悲，你要明白，这是我对你的口头警告。我希望你现在能立刻做出保证，我们不会再就此类问题进行讨论，如果再出现这种情况，你会受到更严重的惩处，甚至可能会被立即解雇。我们就此达成一致意见了，对吗？［是的，我很抱歉。］

这些卑劣的行为应该得到公司方面的坚决制

止。另外，请注意在你的方法中运用内疚情绪（而非愤怒情绪）："我真心希望你反思一下自己的行为，以及自己是如何在不经意间让一个人成为同事眼中的笑话、感觉自己被忽视和低人一等的。"从健康的意义来说，内疚可使人们发自内心地反思自己在问题中所应承担的责任。这种情绪会让他反思自己的错误，并为自己的不当行为承担责任。

最后，普遍存在的人类问题的分支——告密者问题也亟须解决。告密者经常用"嘘，这可能不关我的事，所以如果你觉得我和你说这些不合适，请告诉我，但是……"来吸引你。而他们一旦借这种免责声明打开了话匣子，便会向你倾诉各种细节，而这些通常会让他们的同事惹上麻烦。当面对自认为充当你的耳目"帮你忙"的告密者时，请立刻阻止她：

瑞秋，我理解你认为我应该知道这些事情，特别是这些我不在办公室时发生的事情，或者是我没

第一章

高难度对话、建设性对抗和增强员工责任感

看见的一些事情。我很感激你一直想让我知道发生了什么。但我想让你意识到另一个更大的问题——一个道德问题——事关原则和对错。

不是我不领情，但是我不知道，你把蒂安娜的事告诉我对你来说是一件正确的事吗？请不要误解我的意思：如果你看到有人偷窃或被骚扰，请立即告诉我，因为这些都是严重的违规行为，可能会给公司带来极其严重的后果。但是，当涉及你在意的绩效问题时，我认为你没有必要主动提及这些信息。

首先，我可能很快就能自己找到答案。其次，这种行为会使你成为公司的告密者，而且一旦此事泄露（迟早会发生），你将失去同事们的信任。而这会给部门带来更多的长期损害，这些损害比当前你认为必须上报的与绩效相关的问题更具伤害性。你知道为什么从长远来看，有时隐瞒此类信息可能对你和部门都有利吗？

所有这些问题——传播流言蜚语、造谣和告

密——有时会变得越来越糟糕。不可否认的是，人们做这些事情时往往没有考虑到它们可能造成的伤害。然而，如果这些问题不加以解决，它们会损害团队精神和信誉。在从职场根除这些潜在危机时，要直接、公开和毫不避讳。你的团队会因此受益，而你也会获得下属的尊重和感激，违规者也可从这些错误中吸取教训，避免此类错误对其职业生涯造成严重损害。

第一章

高难度对话、建设性对抗和增强员工责任感

解决体味问题

体味问题是一个特别令人不舒服的问题,由于这个问题太过私人,所以很多人都没意识到这是一个问题。一些人认为在泳池泡一泡便是洗澡了,还有一些人因衣服穿得太久未更换而造成了体味。无论是哪种情况,部门里的其他人都不应因为一个散发气味的违规者而变得坐立难安,而且有一些体面的方法可以将此事处理得非常专业化。

在开始单独谈话前,你最好先假设对方并没有意识到这是一个问题。这样一来,即使对方知道这个问题,也可假装自己是第一次意识到这个问题并愿意采取恰当的措施来改善这种情况。以下是一个示例对话的开场白:

安德鲁,我想在我的办公室同你单独谈谈,我需要就一些私密、不显眼但比较敏感的事情同你聊一聊。你可能没有意识到，但你可能有体味问题，而这不是一个个人问题，而是一个扰乱工作环境的问题，我需要你帮助我解决这个问题。我之前也同员工进行过这样的谈话，但他们通常都没意识到这个问题的存在。我并不想引发你的不快，但是我还是想问：你意识到这个问题了吗？如果意识到了，你可以自己解决这个问题吗？

同样地，这是一种温和的处理方式，不会使任何人感到难堪。假如这位员工最初并未意识到这一问题的严重性，那让他注意到这一问题的严重性是解决这个难题所必需的。你可以让安德鲁带薪回家梳洗一番后再回来工作。这是一种公平客观的处理方式，无须夸张或装腔作势便可以很好地处理令人不适的工作环境问题。

卫生习惯差的人可能没意识到自己会对工作场所的其他人产生什么样的影响。你的对话可以将个人卫生问题与职场绩效问题挂钩，这会为你解决这

第一章
高难度对话、建设性对抗和增强员工责任感

个问题定下清晰的基调，可以将此视为个人整体绩效的一部分进行处理。然后，你再以一种积极的方式结束对话：

听着，安德鲁，我会竭尽所能帮助你。如果你想我们在你的办公室安装一个风扇，或者想改变下自己的日程，以便在一天的工作中有时间梳洗一下，我会全力提供支持。有什么需要帮忙的尽管告诉我，好吗？如果你不介意的话，我不想再跟你讨论这个问题了，因为这样我也很难受，所以你可以在接下来的工作中解决这个问题吗？

你谈话中的这个小插曲会让这位员工冲出你的办公室，跑回家洗个澡！

如果员工解释其体味不是由于卫生情况（而是由于身体健康情况）造成的，那么你要在其详谈之前及时阻止他。如果他的体味并非因为在人力资源部不知情的情况下未使用适量的香皂造成的，我想你作为他的管理者并不会想过多了解有关他体味的

其他成因。

相反，你应该告诉安德鲁，如果这个问题是健康原因造成的，并且他需要进行治疗，那他需要跟人力资源部门讨论这个问题。人力资源部门会与安德鲁沟通，以确定其是否存在身体疾病，并真诚地帮助其寻找可能的变通之法，使安德鲁能够在不为公司造成过多困扰的情况下，完成自己的本职工作。这也被称为"《美国残疾人法案》(Americans with Disabilities Act)的互动过程"。

至少，人力资源部门应该鼓励安德鲁在预约成功后尽快请假去看医生。如果公司有员工帮助计划（Employee Assistance Program，EAP），人力资源部门应该为其提供相关手册，以方便该员工联系人力资源部，获取摆脱困境所需的适当资源。如需针对安德鲁的健康状况增加相应的办公设施，人力资源部会建议安德鲁提供一份医疗证明来详细说明，借助这些办公设施，安德鲁不会给公司造成过多困扰。

第一章
高难度对话、建设性对抗和增强员工责任感

另外,如果该员工令人厌烦的体味仍然无法消除,且不是由健康原因造成的,并会对工作环境造成破坏,那你应该告诉他,不讲卫生或蓬头垢面地来上班会影响工作效率,违反公司规定。然后,你可以口头通知他,如果你不得不再次找他解决此问题,那他可能会受到纪律处分。

在这种情况下,适当的纪律处分很可能会是记录在册的口头警告。这种违规行为的性质,特别是如果与肥胖有关的违规行为,不适合更严厉的惩处,如立即解雇,或者因第一次记录在案的违规行为而收到最后书面警告。当然,具体取决于公司的渐进性纪律管理规定,但是这不是一个加快该过程,或者跳过该过程中某些步骤的好时机。一般来说,从公司规定的渐进性纪律管理的正式步骤(即书面口头报告)开始,然后在需要时给予书面警告或最终书面警告。

然而,体味也可能源自医护用品,如结肠造

瘘袋。这类情况是员工自己无法控制的，必须由你——雇主来适应这类情况。事实上，《美国残疾人法案》和适用的州法律可能对这些问题有所规定，因此如何解决这些问题不仅是职场敏感问题，而且是一个法律问题。既然我已引起了你的注意，请按以下方式处理：

阿米莉亚，我要告诉你我注意到的一件事，我需要你帮我解决它。你的一些同事出于对你的关心，当然也出于对他们自身利益的考虑，向我反映了一些情况。你的办公桌附近散发出一股明显的异味，让他们难以工作。据他们描述，这是一种汗液和尿液混合的异味，而且这是他们第三次闻到这种气味了。他们要求我跟你谈谈这个问题。如果可以的话，希望我们这次谈话可以解决这个问题。

如果你发现涉及员工隐私的医疗问题或健康问题导致了这一问题，请中止谈话，并将这位员工移交给人力资源部门处理。如果组织中没有人力资源

第一章
高难度对话、建设性对抗和增强员工责任感

部门,请立即与你的雇主和公司的法律顾问沟通。根据《美国残疾人法案》和适用的州法律,你现在已经发现该员工可能存在身体疾病,因此公司需要严格按照《美国残疾人法案》的规定处理该员工的问题。如果员工未发现潜在的医疗或健康问题,请你不要暗示诱发异味的可能原因。相反,可以问问她打算如何解决这个问题。"我相信你明白这是怎样的一个问题。"你可以建议她利用公司的员工帮助计划,如果她愿意,还可同人力资源部门交流个人问题。

更重要的是,你要知道《美国残疾人法案》是一项以民权为导向的反歧视法案,禁止雇主在求职、招聘、解雇和职业培训过程中歧视符合条件的残疾人。因此,这是一个值得敬畏的法案。然而,多年来该法案的内容在不断地拓展,为原告律师提供了更大空间来为员工争取利益和该法案在职场中的适用范围。此外,多州都出台了自己的《美国

残疾人法案》，相较于联邦出台的《美国残疾人法案》，许多州的《美国残疾人法案》对员工更加友好。再加上包含惩罚性赔偿在内的补救措施，公司可能要承担极大的法律风险。

《美国残疾人法案》除将残疾人定义为严重限制主要生活活动的身体或精神缺陷（或此类损伤的记录）外，还对"被视为"有残疾的个体进行了定义。被视为残疾和真正的残疾的不同之处在于，其缺陷是否严重限制了主要生活活动。相反，受《美国残疾人法案》保护的雇员，不会因为被认定的身体或精神缺陷受到歧视。换句话说，即使不存在法律意义上的残疾，原告律师也能辩称雇主将员工视为存在缺陷，而该公司会被认定为违反了《美国残疾人法案》。

最后，在准备与员工就其可能受《美国残疾人法案》保护的身体和精神状况进行正式谈话时，请记住，该法案不仅仅禁止对符合工作条件残疾人的

第一章
高难度对话、建设性对抗和增强员工责任感

歧视。如上所述,《美国残疾人法案》对所管辖雇主施加了额外的肯定义务,即要求雇主为残疾应聘者和雇员提供合理的便利条件(例如,调整工作、提供便捷的工作场所和工作站、修改日程安排、提供口译等服务,以及完善配套设施等)。雇主必须参与与员工的互动过程,以确定需要提供哪些适当的便利设施。

在这些情况下,医疗干预可能是雇主能够引导雇员的唯一切实可行的方向。如果是这种情况,最好让人力资源部门遵循《美国残疾人法案》的流程。请确保以下述方式结束你们的谈话:"阿米莉亚,感谢你抽时间与我讨论此事,如果你需要我做什么,请随时联系我。"如果该问题可能是由身体健康问题引发的,那你最好与人力资源部门保持联系,确保阿米莉亚与他们进行了会面。如果该员工未联系人力资源部门,人力资源部门应主动联系阿米莉亚。请注意,根据你与阿米莉亚的谈话,公司可能会意识到阿米莉亚有健康问题,公司可能需要提供适当的便利设施。公司也必须采取相应的行动。

实际上,你对需要帮助的员工展现了自己的关怀和同情心。从法律层面来看,你已开始履行《美国残疾人法案》的规定,开始与员工的互动过程,以保证为其提供了适当的便利设施(如果适用的话),营造出舒适的工作环境,帮助其高效完成工作。做得好!

第一章
高难度对话、建设性对抗和增强员工责任感

克服不愿直面问题的心态

在职场中,总是避免冲突的管理者会引发很多的焦虑和冲突。如果不迅速解决,小问题就会变成大问题,当不公平的认知渗透到办公室或车间后,便会引发人员流动和诉讼。

有些人天生就是领导者,而有些人则需要培养和强化领导力。无论何种情况,请确保尽可能正面解决问题,这是对你和公司最有利的方式。当然,有时静观其变可能会更划算,但通常情况下,坏习惯应尽早改掉,以免不当行为在职场长期存在。

我们来看一个例子。假设你所在的公司以包容性文化为荣。通常,员工都会受到尊重,员工可参与日常运营并发表意见,而大喊大叫、辱骂羞辱绝不是贵公司所追求的。在你的销售管理团队中,有一位"干劲十足"的销售经理,但脾气较为暴躁。

用人的艺术

没过多久，该员工便被通报在员工会议上公开羞辱下属，这也是其第一起违规事件。你从参会的销售人员那里了解到了此次事件的所有细节，但是负责管理团队和主持会议的销售总监却未向你进行任何汇报。你耐心地等待，希望可以听到销售总监的汇报，但什么都没等到。你决定继续等待，并密切关注事态发展，但只等来了在下一周会议上的另一桩公开羞辱事件。销售总监仍未对此事进行汇报。

我们假设你已经进行了调查，并从现场目击者那里收集到了两次事件的一致反馈。你已经准备好与销售总监谈谈这个问题，但公平地说，他可能已经与新员工解决了这个问题。不过有意思的是，这位销售总监到现在为止都没跟你提过这件事。

克里斯，你的新员工这些天表现如何？[还不错。]你想跟我反馈什么问题吗？或者需要我关注的事情吗？[没有。]好的，我明白了。你新聘用的销售经理——奥利维亚表现如何？她的入职过程

第一章

高难度对话、建设性对抗和增强员工责任感

顺利吗？或者她此时工作中有什么需要帮助的吗？〔挺顺利的，她表现很好。〕

好吧，这个回答挺令我惊讶的，因为我听说她在前两次员工会议上"大发雷霆"。参会的人来找我反映了这一情况，并向我提供了她辱骂比尔和瑞恩的详细经过，起因只是他们没有拨打外线电话。你不妨跟我说说，你怎么看待这些事情？

〔好吧，当然，大家都注意到了两件事，团队的两位成员没有完成他们外拨电话的数量，但在这方面我得听奥利维亚的。这是她的新角色，而且我需要她来增强大家的责任感，并为每个人建立起合理目标。〕

我这么来问吧：我明白她在做什么；我的问题是，她是怎么做的？在员工会议前，她是否同你沟通过她打算采取的方法，或者说，你也是在会议中才知道她所要采取的方法？

〔我想两者都有一点吧，她告诉我，她计划先

"发一下脾气"来吸引大家的注意。不过,她表示,从那之后,她会采用更加冷静的方式来管理销售部门的日常业务。]

当你看到奥利维亚在会议上的表现时,克里斯,你还认同她的处理方式吗?

[我重申一下,我自己可能不会那样处理,但在如何管理向她汇报的销售团队方面,我会尊重她的想法。]

好吧,在这一点上,你已经冷静地处理了这个问题,并了解了事情的真相,但对克里斯放任新雇员奥利维亚以粗鲁的方式践踏员工尊严而失望。首先,这不是你的管理风格。其次,克里斯知道,公司并不允许剥夺员工尊严。最后,你现在开始质疑克里斯在其中的作用:他是害怕跟奥利维亚说话还是被她吓到了?如果不是这样,他为何会放任这种不当管理行为,而不予以处理呢?你的回应很清晰,意图也很明确:

第一章
高难度对话、建设性对抗和增强员工责任感

克里斯，在听到你对这一系列事件的反应后，我很震惊，也很失望。你知道这不是我们公司的行事风格。当我们遇到问题时，我们会以专业而恰当的方式解决。如果奥利维亚对比尔和瑞恩的销售业绩不满意，她需要通过与他们进行一对一的谈话来解决这些问题。我们从来都不是一家以任何理由让员工难堪的公司。如果比尔和瑞恩这几个月表现不佳，那奥利维亚应该花时间私下找出原因。你作为她的主管，我希望你能给她这样的建议。

接下来，我想知道她是否适合我们公司。如果她的处事方式是在同事面前剥夺别人的尊严，那你必须明白，她不具备一个可长期发展的员工的素质。毕竟，我不会想为这样对待我的销售经理工作。你呢？[可能也不会。]

最后也是最重要的一方面，我对你的判断力和决策力产生了怀疑。你为什么没在奥利维亚的管理行为发生时，立即解决这个问题呢？你为何不能把她叫到一旁，告知她，虽然这种行为在其他公司可能会被接受和宽恕，但在这里不被允许呢？更重要的是，你为什么没告知我这件事发生的原因呢？为什么我是从你的下属而不是你本人口中听到这件事呢？［我很抱歉——我明白你的观点了，我会同她沟通解决这个问题，并告知你事情的进展。］

克里斯，这是我的期望，我们需要在这件事上保持步调一致。第一，任何以粗鲁的方式来领导团队的新聘管理者都应被视为误聘，除非他们能迅速证明自己愿意转换领导风格和沟通方式等。第二，在任何时候，无论出于什么原因，当新员工出现争议时，我都希望先从你这里了解事情的始末，而不是从你的下属或其他部门的员工那里了解到具体情况。

最后一点，我不允许再放任这种盲目行动的意识。同样地，我也不希望我的员工有一个不主动关注员工绩效和行为期望的管理者，特别是那些担任领导角色的员工。我的期望听起来还合理吗？我说

第一章
高难度对话、建设性对抗和增强员工责任感

清楚了吗?[是的。合理且清楚。]好的。那么你肯定明白,我不会允许一个避免冲突的领导者加入我的团队。[好的,我明白了。]而且,你应该也非常清楚,我希望你能在这类问题出现时立即正面处理,同时让我随时了解进展?[好的,我现在明白了。]

很高兴听到你这么说。那么,现在请你告诉我,你打算怎么处理奥利维亚在这个特殊案例中的行为。

毋庸置疑,这是一场高难度的谈话,但当你的下属未让你及时了解自己职责范围内存在的问题,或者不惜一切代价避免冲突时,你完全有权利质询他。

避免冲突是管理一大禁忌:领导应确保下属改掉所有的坏习惯或不良倾向,而下属似乎总在逃避这种必要的领导纪律管理。

第二章

渐进性纪律管理的关键:将权利范式交回公司

第二章

渐进性纪律管理的关键：将权利范式交回公司

本章将介绍如何通过实施渐进性纪律管理来处理员工问题，这是一个循序渐进的过程，告知员工需要改正的行为，如不改正的话该员工将面临被公司解雇的风险。本部分涵盖了书面警告的多种形式，例如：写一封澄清信（非正式警告）、提供决策假（员工带薪休假一天以思考一下是否想保住自己的工作、是否想对自己的行为做出改变），还有几种类型的"最后一次机会协议"。本章还将介绍如何正确高效地记录惩处以及如何避免报复——员工为了扭转局面先发制人，在受到管理者惩处前，先对管理者进行报复，从而让公司处于被动局面。在这些事情发生前，掌握其处理方法是管理者提升领导力的最好方法之一，管理者和员工都将从中获益。

什么是渐进性纪律管理？它对公司和员工有何帮助？

渐进性纪律管理是一种能及时沟通绩效或行为问题的直接手段，可以帮助员工改进相应行为。渐进性纪律管理一般包括一系列成文的步骤，如果问题继续存在，这些惩处措施将逐步升级。渐进性纪律管理的概念和职场正当法律程序是相辅相成的。

职场正当法律程序是指员工有权获知自身存在的不佳工作绩效或不当职场行为，以便在不利于自身的情况（如开除）出现前，做好自我辩护，并改进相应行为。此公正平等的标准可追溯至18世纪美国建国之初，美国借鉴英国法律制定了管理社会的新法则。

正当法律程序在实践中的表现方式存在于渐进

第二章
渐进性纪律管理的关键：将权利范式交回公司

性纪律管理范式中，即在被解雇之前，有一系列必须被纠正的问题绩效通知。正当法律程序要求管理者确保表现不佳的员工了解问题所在，了解需要采取哪些措施来改正问题，如果员工并未做出整改，仍我行我素，那么就会产生什么样的后果，以及该员工需要在多长时间内做出改正。作为管理者或公司领导，你还需要为员工提供改正所需的资源：指导和承诺、培训以及物质资源。公司采用渐进性纪律管理对双方都有益：雇主非常关注对员工的帮助；员工也会获得具体的指导，明确自己应该如何改正来满足公司的期望。

传统的渐进性纪律管理范式

传统的渐进性纪律管理范式遵循以下四个步骤：

- 口头纠正（可能会记录在案）。
- 书面警告。

- 最终书面警告。
- 解雇。

这四个步骤足以证明雇主付出了巨大的努力通过记录证明的方式提高表现不佳的员工的工作业绩。雇主为提升员工绩效和重设期望而做出的积极努力，必须有明确的记录且在可实现的合理范围内。如果员工不愿意或无法将自身绩效或行为提升到预期的标准，那么雇主将别无选择，只能解雇该员工。请记住，雇主可能会被要求证明惩处的公平性，以及该惩处是否符合公司规定，以便所有员工都能知道将来自己如果有类似的行为也会被解雇。

以下是正当法律程序的要素：

第一，员工必须了解雇主的期望，以及无法达到绩效标准所要承担的后果。如果书面材料仅记录了一个绩效问题，而未指明员工无法改正时要承担的后果，那这个书面材料缺乏满足正当法律程序指

第二章
渐进性纪律管理的关键：将权利范式交回公司

南所需的有力证据。

第二，在履行公司规章制度方面始终如一。当员工违反某一规则后，有权获知雇主的态度；管理者不能以被视为武断、不合理甚至歧视的手段解决问题。管理者还要谨记，实践通常比规定有用，无论公司的指南或工作准则与工作手册有何规定，你要以过去的做法作为参照，以保障惩处的一致性。此外，如果管理者没有按照之前的规定处理违规现象，可能会损害公司惩处制度的可信度，并且开创了一个意料之外的糟糕先例：例如，如果公司原谅了某位犯了错误的员工，这就意味着，公司需要原谅所有其他犯了相同或类似错误的员工。

第三，惩处要与违纪行为匹配。如果员工只是偶尔表现不佳，或者犯了一个小错误，管理者可以进行惩处，但这些情况还不足以成为解雇该员工的原因。管理者需要考虑员工的整体绩效记录或先前所受的惩处记录。

第四，公司通常应先跟员工面谈，给员工解释的机会，他若没改正，公司再签发惩处警告文件。未听取员工意见便实施惩处是在自找麻烦。同样地，请确保在公司的惩处警告模板中包含邀请员工进行反馈的版块。糟糕的是，许多公司均未在纠正措施中加入这些内容。

第五，公司需要给员工留出合理的时间来改正其错误。否则，公司的惩处措施会被视为为解雇该员工而故意找的借口。

在处理职场正当法律程序时，其他几条经验法则你也要记牢：

- 雇主有权随时更改自己的规定。只需将规定变更后的内容及其生效日期提前通知员工，让所有员工为实现雇主新设定的期望做好准备即可。
- 违规行为不必一视同仁，但惩处措施应始终

第二章
渐进性纪律管理的关键：将权利范式交回公司

如一。例如，偶尔迟到和习惯性迟到的员工通常会受到公司不同程度的惩处。换句话说，管理者不能因未惩处在上周某天迟到的泰勒而放过上班经常迟到的艾玛。同样地，工作时睡觉也是一种严重的违规行为，但相对于夜班护士（初犯便会收到最终书面警告）或麻醉科医生（会因在外科手术时打盹而被解雇）而言，秘书（初犯可能会收到书面警告）出现此问题而导致的后果要小得多。

- 最终事件在决定如何更好地处理违规行为方面发挥着极其重要的作用：如果最终事件事实清晰且违反了已有的警告记录，那么当公司再次面临同样的问题时，便可以毫无后顾之忧地解雇该员工。

当员工反复出现违反同一规则或同一类型规则（如反复迟到或无故缺勤）的行为时，公司通常会实施渐进性纪律管理。为了推进到下一阶段,这些事件间应存在联系:如果没有这种联系,违规者可能会收到一系列独立的口头警告,而非从口头警告到书面警告再到最终书面警告的渐进性惩处。

例如,有一天布兰登无故缺勤,此举违反了公司的出勤规定;而一周后,布兰登的某个项目也未按时交付。在这种情况下,你可以给他两个单独的口头警告,因为这是两个独立且不相关的违规事件。相反,假设蒂阿拉没来上班,也未通过电话请假,但是其自此便经常上班迟到。在这两种违规行为存在内在联系的情况下,可对蒂阿拉采取惩处措施:她的无故缺勤和迟到会对办公室的工作流程产生负面影响。

对员工实施多个不同惩处也是常见的情况。例如,理货员利奥已经因不服从上级指令收到了最终书面警告;但如果利奥又开始上班迟到,却并不能作为解雇他的理由,因为迟到问题与不服从指令没

第二章

渐进性纪律管理的关键：将权利范式交回公司

有关联性。因此，你不能将利奥的新问题作为"压死骆驼的最后一根稻草"，借此解雇他，因为他的迟到问题和不服从指令不相关。迟到会干扰工作流程，而不服从指令则是个人的行为表现。

另外，由于不服从指令是一种违规行为，在书面警告生效期间，该员工出现任何其他违规行为表现都可能会被解雇。例如，如果利奥已经因不服从指令而收到了最终书面警告，而他此后开始对同事进行人身攻击，侮辱客户，或者拒绝听从主管指示，那么公司可能就有理由对其做出解雇的决定（当然，出现任何重要的需要减轻惩处的情节除外）。

最后一点，使用渐进性纪律管理并不会阻止雇主当场解雇员工，但当场解雇会让雇主很难在不当解雇索赔中为自己的行为辩护。如果雇主拒绝了员工的正当法律程序，那么雇主在法庭上并不会占有太大的优势。

特别地，你不必向违反法律的员工实施渐进性纪律管理。如果员工从事非法活动或出现其他恶劣行为（如盗窃、挪用公款或吸食毒品等），那么雇主可以借此机会，当机立断，以合理原由解雇员工（也被称为即时解雇，我们将在第三章详细讨论）。

为了安全起见，你可以跟劳资纠纷律师谈谈，详细了解一下此类解雇的后果。你要确保自己没有忽略任何细节。如果你需要更多的时间进行处理，则可以让员工带薪休假，等待进一步的调查和最终裁定。

第二章

渐进性纪律管理的关键：将权利范式交回公司

惩处和解雇考察期员工

大多数雇主都知道自己有在考察期解雇新员工的权力。但是，根据公司是否有工会员工或自由员工，各公司的试用期也会有所不同，而且经常引发员工的误解。为了使公司免于遭受因员工误解引发的法律风险，你应掌握以下背景知识。

工会合同历来允许有考察期，即 30—90 天的初始聘用期，在此期间公司有无可争议的权力解雇新员工，而无须应对与解雇相关的申诉，当然，需要遵守基于保护分类（如种族、性别等）的反歧视法律。由于工会放弃了对聘用行为提起申诉的所有权利，因此公司唯一的义务便是通知工会这个解雇决定，无须实施正当法律程序或工会谈判。集体谈判协议为雇主提供了一项合同权利，使其可在试用期内随时终止聘用合同。当然，一旦试用期结束，工会则会使用正当理由解雇标准，这意味着除非公司能证明自己有充分的理由解雇员工，否则员工不会被解雇。

相比之下，未加入工会的自由员工不受集体谈判协议的约束，没有随时被解雇的考察期。无论公司是否存在考察期，被解雇的自由员工都可能会以不当解雇为由起诉公司，即使是在考察期发生的解雇也可提出诉讼。因此，雇主必须要注意不能过分依赖考察期去解雇自由员工。相反，雇主应该在考察期积极管理员工，甚至实施渐进性纪律管理。雇主还应让人力资源部门或相应的法律顾问提前审查自己的裁决。如未正确实施该决定，任意聘用的法律概念可能与随意起诉的概念相悖，因此，雇主须谨慎使用在考察期因"一时兴起"而解雇自由雇员的权力。

当然，如果公司在创建之初便聘用自由员工，那真的不需要设置考察期。毕竟，在自由环境中，员工随时会在没有任何原因或收到个人通知的情况

第二章

渐进性纪律管理的关键：将权利范式交回公司

下被解雇。考察期仅在最初的30—90天允许雇主在没有原因或通知的情况下解雇员工。

那么，当整个聘用关系在理论上遵循同一前提时，为何公司还要设定几个月的考察期呢？答案很简单：公司已经习惯了这一工会传统，而这种传统还会一代又一代地传承下去。在其他情况下，公司已经沉迷于考察期所带来的心理安慰。不管出于何种原因，许多就业律师都认为在自由环境中没有理由设置考察期，这是一种不合理的行为。更为糟糕的是，考察期的存在可能会引导员工推断，如果自己在公司考察期结束后即可成为正式员工，那么他们便有权以职场正当法律程序的形式获取比在考察期时更大的工作保障权利。

本书不涉及工会和非工会环境中考察期的相关问题。但重要的是，你要了解这段简短的传统规定，确保可以在与新员工的解雇谈话中恰当地处理这一问题。请记住这一点：解雇考察期内的自由员工仍然存在法律风险，而你可能需要偶尔为考察期的新员工提供一些职场正当法律程序（通常是以书面警告的形式呈现）。如果有员工以考察期不当解雇为由起诉公司，那以一份书面警告作为预防措施总没有坏处。

我强烈建议雇主不要在新员工考察期内向其支付任何形式的遣散费或离职费。尽管，许多公司都试图通过额外支付两周的工资来弥补员工由于被解雇而遭受的损失，但原告律师很可能会认为雇主的动机不纯。简而言之，雇主"支付"的费用会被视为"封口费"或"内疚费"，是为了让员工悄无声息地离职。许多不谙此道的雇主都被原告律师的这种诡辩打个措手不及。

公司设置考察期的原因是，可在没有书面警告的情况下更轻松地解释解雇员工。如果公司没有考察期，用随意聘用的概念替代考察期概念同样简单，也就是说，"因为我们的员工是随意聘用的，所

第二章
渐进性纪律管理的关键：将权利范式交回公司

以我们没有义务对其实施书面警告等渐进性纪律管理。"（在法律层面，这种说法是正确的，但请明白，在大多数情况下，即使是在考察期，对员工实施渐进性纪律管理也是符合公司最大利益的。毕竟，一份书面警告，即使是在考察期的警告，也只会对你的官司有利无害。从另一角度来看，为员工提供额外的职场正当法律程序也是有百利而无一害的。）

如上所述，请谨记必须尊重员工、时刻关注员工的后续问题或请求，并且保持严肃但不失关怀的谈话氛围。

有关解雇会议时间的特别说明

形成在当天上午和在该周最初几天解雇员工的惯例，以便跟有问题的被解雇员工会面或谈话。应尽量避免在周五下午 5 时解雇员工，此举会让被解雇员工在情感脆弱或需要帮助时孤立无援，无法获取相应的帮助。

为何领导者实施渐进性纪律管理如此困难?

在当今的法律体系中,如果解雇员工的公司受到质疑,则公司需证明在做出最终解雇决定前,公司为改进这些员工的行为而做出的积极努力。在面对仲裁员或陪审团审查时,公司需要证明除了开除员工外别无选择。如无法提供这些证据,公司可能就要承担被开除员工的欠薪、复职和潜在的惩罚性赔偿责任。更糟的是,这些惩罚性赔偿金在某些情况下会需要管理者承担,具体措施取决于管理者公司所在的州以及管理者秉持的帮扶原则。

当面对员工的绩效或行为时,许多管理者会有以下顾虑:

- 员工将如何看待这个消息?

第二章
渐进性纪律管理的关键：将权利范式交回公司

- 对抗会让事情变得更糟糕吗？
- 如果员工的改进时间恰巧刚超出书面惩处的有效时间，应如何处理？

此外，因为这份书面惩处是一份有法律效力的文件，所以管理者通常担忧出具的这份文件会在一定程度上给自己造成困扰。例如，当涉及以下问题时，管理者通常会自我怀疑：

- 我可以说明细节吗？
- 我是否侵犯了这个人的隐私？
- 该员工的问题是否受《家庭和医疗休假法》（*Family Medical Leave Act*）、《美国残疾人法案》或《工人赔偿歧视裁定》（*Workers' Compensation Discrimination*）等众多员工保护法案的保护？
- 如果存在很多看似不相关的问题应怎么办——

我可以通过某种方式将这些不相干的违规行为集中在一起来统一实施渐进性纪律管理吗？

即使是很小的绩效问题，在发展成大麻烦前，如果管理者对解决这些问题畏首畏尾，那么这些问题也通常会逐渐失控。因此，管理者应主动实施惩处管理，以便尽快建立针对该员工事件的"书面记录"。掌握这些工具，管理者可以在这些小问题变成大问题前主动解决这些问题，这将为管理者带来巨大优势！

作为一名人力资源从业者，我目睹了我所在公司经历的种种挫折。比如，公司需要面对不合常理的损害赔偿金以及需要数年才能解决的员工赔偿（即"累计创伤"索赔）。尽管没有任何制度可以保障公司成功解决每一个不当解雇的难题，但一份恰当的书面惩处警告，邀请员工加入改善自身的计划，清晰勾勒公司的期望，并积极帮助员工提升自

第二章
渐进性纪律管理的关键：将权利范式交回公司

己，会在与诉讼律师的交锋和减少损害赔偿金方面大有帮助。

是的，即使是在最理想的情况下，渐进性纪律管理也具有对抗性。但渐进性纪律管理通常可以促进员工工作表现和个人行为改观，帮助员工保住他们的职位，也可使公司避免最终陷入诉讼的泥潭。当然，没人愿意受到惩处，但一旦公司进行干预，特别是在考虑到员工的最大利益，并辅以适当培训的情况下，问题通常就会消失。如果问题仍然存在，这些措施也可作为公司在应对不当解雇和歧视索赔诉讼中的有力证明，因为善意的人事行为是扭转困境局面或促进不服管的员工改过自新的好机会。渐进性纪律管理如果执行得当，对员工、管理者和公司都大有裨益。作为一种就业干预，不但能在员工身上取得惊人的效果，还能规避企业责任。你还有什么想问的吗？简而言之，公司的领导者都需掌握这一关键工具，并将其添加到自己的工具包中。

避免惩处记录错误

在记录员工的纪律处分时,了解并防止雇主犯下以下两大错误十分重要。

第一,很多雇主在记录员工的违纪行为时,描述了该员工的心理状态,给自己增加了额外的难题。为了证明员工的粗心大意或缺乏决断,雇主通常会使用如任性固执地、故意地、鲁莽地、蓄意地和有意地等一些限定词,这些词能充分表达出他们对员工不达标绩效或不佳表现的极度不满,但如果雇主被要求证实自己的观点,这些描述反而可能会给举证工作造成额外的负担。毕竟,雇主怎么会知道员工做某事是无意还是有意的呢?一般来说,雇主应基于观察进行记录,确保惩处记录的客观性。武断地指责在渐进性纪律管理领域中是行不通的,因此雇主应避免出现判断员工意图的所有潜在隐

第二章
渐进性纪律管理的关键：将权利范式交回公司

患。雇主应尽可能避免使用心理限定词，这样就不必证明员工在发生特定违规行为时的心理状态。

第二，许多雇主没有意识到纪律文件是可以合法获取的记录，而且可能会被现有雇员或前雇员用于对付他们。此类文件在性骚扰类索赔中尤为重要。当然，如果在雇主眼中，某个员工的行为会造成敌对或攻击性的工作环境，那雇主要让这位员工意识到自己行为的严重性。但如果雇主在文件中记录"你已造成有敌意或攻击性的工作环境"，那原告律师可能会将这份可获取的文件作为证据，证明骚扰行为确实存在。

同样地，不要将渐进性纪律管理文件的主题命名为"性骚扰"，因为性骚扰会被视为一种法律结论：原告律师会将此用作证明性骚扰的证据。相反，可将此文件命名为"违反第×××条规定——创建并维护友好包容的工作环境"或类似的名称。总之，记录文件不能以任何形式体现出性骚扰行为确实发生过。

为了规避这些潜在风险,你最好这样表述"你的行为表明一个充满敌意和攻击性的工作环境已经形成"。也可根据主题来命名"你的行为似乎违反了第×××条规定——创建并维护友好包容的工作环境"。借助这种方式,这些负责任的纪律处分便无法被轻易解读为不当行为确实发生的证据。请小心,别让自己的文件拖累自己。

第二章

渐进性纪律管理的关键：将权利范式交回公司

避免员工对毫无戒心的管理者进行"报复"

在当前的企业环境中，管理者要对员工利用法律手段应对公司的能力有更加清晰的认知，员工在此方面已经变得愈发成熟。此外，你还需意识到自己无法只靠自己的力量就能做到这一点——在出现某些需要第三方、公证员和目击者的事件时，你有义务向雇主、人力资源部门、法律部门、监察专员等上报相关事实。最后，你需要创建一份记录口头惩处和书面惩处的文件，以确保公司在以后发生的诉讼中处于有利位置。

据统计，四分之一的管理者会在职业生涯中卷入某种形式的与聘用相关的法律诉讼，这是一个很高的比例，特别是在你未在加利福尼亚州或纽约州等诉讼高发地工作的情况下。因此，发现问题、恰当地上报问题，并当场公平解决问题或准备恰当的法律诉讼记录已经成为一项至关重要的领导技能,一旦掌握,你在未来的职业生涯中将受益无穷。

员工是老练的消费者,无论是他们自己发现这个问题,还是从律师那里获得指导,只需等待被解雇,便可以发起诉讼,而你的责任就是发现问题,并从一开始便获取该事件涉及的各方的支持。例如,假设一名员工担心自己会被解雇,或者怀疑自己的雇主会以某种方式对付自己。她可能会联系律师,咨询是否可以利用法律手段保护自己,这也是原告律师的建议和忠告变得真正有趣的地方:"好吧,除非公司对你采取了一些不利的行动,如解雇,否则我帮不上什么忙,但是你要弄清楚以下问题:你知道你的人力资源代表是谁吗?你是否向他们反映过你的问题,如果反映过,他们的回复是什么?"此问题看起来相当直接和无害,但前提是员工在聘请律师起诉公司前,先试图与人力资源部在内部解决相关问题。

但这个问题比表面看起来的要复杂:在很多

第二章

渐进性纪律管理的关键：将权利范式交回公司

情况下，律师会指导潜在原告客户在管理者有机会对绩效不合格的员工实施进一步的惩处行动前，通过对管理者的行为进行投诉，发起"先发制人的攻击"。这种"预先报复"的结果是，表现欠佳的员工可能会"反向"记录，并使公司处于被动状态。有了这样的记录，公司想要解雇该员工会变得更加困难，因为这些行为可能会被认为是报复性的。按时间顺序排列如下：

1. 一名员工感觉自己即将因不合格的工作绩效被惩处或被解雇，于是向律师寻求帮助。

2. 律师鼓励员工向人力资源部门投诉管理者的行为，最好涉及以下词汇：敌意工作环境、骚扰、威胁、霸凌或报复。

3. 由于最近该员工对管理者发起的骚扰指控，公司在解雇该员工时会更加困难。

4. 无论哪种情况，原告律师都会获胜：如果暂缓解雇，律师和客户间会建立牢固的信任，因为律师为委托人提供了有用的建议；如果员工依然被解雇，那么其律师将反击公司。

你作为管理者忠于职守对这名员工进行了纪律处分，却发现自己因为员工的投诉而成为人力资源部门调查的对象。

这种情况在公司屡屡发生，直到管理者不小心踩到了"地雷"，并在"地雷"爆炸后才会意识到这一问题。

以下是你获知这种情况发生的方法：人力资源部门接到员工对管理者行为的投诉，并召开该管理者和雇主共同参与的会议。人力资源专员一般会这么开场："乔，我们收到了一份骚扰投诉，是你下属对你管理方式的投诉，而我们需要明确这个投诉的性质，并了解你的看法。"

管理者乔询问是谁提出的投诉，然后被告知是海蒂。他大怒，回答说："是海蒂？你一定是在开玩笑！我正要跟人力资源部讨论给她出具最终书面警

第二章
渐进性纪律管理的关键：将权利范式交回公司

告，她的表现太差了。她迟到早退，而且……"

轰隆隆！"地雷"刚刚被你踩爆了。不论是员工自己发现的还是律师建议的，这位员工都发现先发制人，对雇主行为提出指控，会扭转有关她行为的已有记录。她为之后的报复性索赔设计了完美的场景，但管理者甚至丝毫都没注意到。

这难道不是一个惨痛的教训吗？不要成为先发制人的牺牲品。当你得知某位员工的绩效存在问题，或者得知此人正在咨询律师，请立即联系人力资源部门。毕竟，谁先联系人力资源部门，谁就可以在人力资源部门选择的调查方式中占得先机：如果你向人力资源部门报告了此事且强调了下属的不合格绩效，那么人力资源部门会沿着这个方向调查。但如果该员工先向人力资源部门投诉了你的行为，那么人力资源部门会向另一个不同的方向——潜在的管理不当行为展开调查。事实证明，在许多与就业相关的情况中，时间是决定记录类型的关键因素之一。

最后一点，不要因害怕诉讼而在管理时畏首畏尾。诉讼成本一直是美国企业经营成本的一部分，畏首畏尾的管理通常不会产生什么积极的结果。相反，请确保你面对的诉讼有利于自己，而不是有利于对方。要做到这一点最成功的方法就是展现出强大的专业性和对下属的尊重，争取内部团队（如人力资源部门）的支持，在他们的帮助下渡过形形色色的难关。当你预感某些事情可能有问题时，可以不再将这些事情作为"家事"处理，而是寻求与人力资源部门的合作，务必要重视正在创建的记录，并借此抛出这个烫手山芋，并将其分享给参与处理这些事件的部门——人力资源部门。如果公司没有人力资源部门，请立即将此事提交给你的主管，并寻求内部法律顾问和外部法律事务所的支持。你会发现，此类制胜策略会让你在职场中风生水起，而不会像某些选择单打独斗或拒绝帮助的管理者一样，整日充满焦虑、喜怒无常或装腔作势。

第二章

渐进性纪律管理的关键：将权利范式交回公司

纪律惩处记录的撰写方法

掌握纪律惩处记录的撰写方法非常重要，因为大部分改正措施都是依据公司模板实施的，公司使用这些模板告知员工其问题所在，重设未来期望，并阐明未能改进的后果。不幸的是，大多数公司在发布书面纠正措施时，并未进行特别深入的工作。要么是内容严重缺乏所发生事件的具体细节和由此对组织产生的负面后果，要么就是这份书面文件未能展示可能导致解雇的后果。现在我们来看看书面模板的三个关键部分，以便你能更深刻地了解雇主要完成的工作，即概述存在的问题（事件描述），使员工为自己的行为负责（绩效改进计划）以及包括经得起法律审查的后果描述（结果）。

事件描述，实施渐进性纪律管理不应该像给某人开具停车罚单一样。这不是简单地打个钩，或者写上一行"安德鲁未能给患者正确发放药品",然后就不管了。相反,记录时要借鉴写作的叙事要素:何时、何地、何人、何事、何故和如何。这样,员工就可以很清楚地知道在什么时间、什么地点发生了什么事。使用以上句式作为引言,下面的内容可以这样写:

具体情况如下:1月10日晚上10时07分,在骨髓移植中心的L区,安德鲁错误地给一位患者发放了1000毫克的泰诺,而非患者护理方案要求的4000毫克的对乙酰氨基酚。尽管患者的身体暂时未发现受到损害,但是更换药物可能会对患者的整体护理产生影响,并产生安全风险。

通过这些具体的细节,员工可以回想起事件的细节,并就此进行讨论,当他们不认同主管的调查结果时,可为自己进行辩护。更重要的是,员工可以从错误中吸取教训,毕竟这些细节已经引起了他的高度关注。此外,请注意对组织有潜在影响的记

第二章
渐进性纪律管理的关键：将权利范式交回公司

录："更换药物可能会对患者的整体护理产生影响，并产生安全风险。"正是这种对组织的负面影响证明了纪律处分的合理性。

同样地，在涉及描述员工的"不良态度"问题时，你有责任使用语言详述当时的场景，即使一年后，当这件事作为导致员工解雇的原因再次被调查时，独立法官或仲裁人也可以根据这些描述清晰地了解当时的场景。例如：

茉莉，在 5 月 30 日的员工会议上，当我向你询问塞缪尔斯项目的最新状态时，你翻了个白眼，哼了一声，叉起腰，尖酸地说道："为什么会提出这个问题？这是一个小客户的小项目；对方接洽的人几乎没有回过我们的电话，而且根据我上次跟进的情况，他们还没有支付预付款。因为我正忙于其他客户已经付款的项目，所以我没有认真跟进这个项目。等我有时间了才能继续跟进这个项目。"此外，你在团队其他成员面前的这段激烈发言充满了讽刺口吻,这段发言透漏出的无礼和轻率让我和其他成员感觉非常不舒服。我提醒你,所有客户对公司和团队的成功都很重要。你无权自由挑选自己跟进的客户或项目,也无权在未向我汇报你与对方在沟通方面存在问题的情况下,为自己未及时与塞缪尔斯的工作人员跟进项目而辩解。

再次声明,事件描述必须连贯有序,自成一体,并能说明员工的不合格工作表现或不恰当的职场行为,即使一个陌生人在六个月或一年后读到这段内容时,仍能明白雇主对该员工进行纪律处分的原因。无论是出于公平原因还是法律合规性,在你的行文和记录中明确该员工对公司的负面影响对渐进性纪律管理至关重要。

绩效改进计划(PIPs)帮助员工确定改进目标,以便其清楚地知道公司对其在可接受绩效和行为得体方面有哪些期望。因此,在你的纪律文件中应包含这样一个部分,内容为"下一步,我期望你

第二章
渐进性纪律管理的关键：将权利范式交回公司

会……"或"在将来，希望你能……"，这些表述可以帮助员工明确应该做些什么来改进当前状况和避免未来的惩处。

绩效改进计划还为雇主提供了机会以记录其在帮助员工改进方面愿意付出的积极努力。当员工无法胜任手头的工作时，经常会把责任推给雇主，宣称公司因为歧视未对其进行适当的培训。为了避免此类索赔并且做到公开透明地帮助员工扭转工作局面，请记录你在帮助员工解决问题方面所付出的努力，例如安排员工利用工作时间参加当地的进修课程，费用由公司负担，这个措施可保障社会对雇主做出公平合理的评判。

同样地，记录下你准备在接下来三周内每周一上午与这位员工进行半小时一对一的会面，表明你在帮助该员工了解自己工作重点方面所做的努力。如果公司有学习管理系统，找出可能与客户服务和客户管理相关的特定视频，然后将这些视频与有关公司警告规则的绩效改进计划结合起来进行参考。有时，只需简单提供一份公司规定的副本（如出勤规定），并将该文件附到警告中，即可表明你愿意提供帮助。一些公司甚至会为员工帮助计划提供联系方式以便员工在需要时与某位负责人进行私聊。无论何种情况，重要的不仅是明确期望，还要通过提供适当的培训和资源来帮助员工扭转现在的危机局面。

最后，你的模板应包含这样一个部分，可让员工对文件提出反对意见或分享他们自己扭转当前状况的想法。诚然，这可能会引发分歧或诱发员工拒绝为问题承担责任。但是，这能让员工更好地掌控当前的局面，并鼓励他们通过自己的努力来扭转局面，以实现雇主的期望。此外，雇主始终希望事件在演变为诉讼事件前了解员工的想法。你只需在绩效改进计划中添加一个内容并注明："我知道你可能对改善当前状况有一些建议。因此，如果你愿意，

第二章
渐进性纪律管理的关键：将权利范式交回公司

我建议你在另一张表单上写下自己的意见和建议。"

请注意，如果某位员工写了反驳意见，那他便拥有了最后的发言权。雇主不应该"再反驳反驳意见"，或者再以其他形式进行书面跟进。警告成立，员工的反驳意见被详细地记录，并添加到警告中，双方对分歧各自保留意见。当然，如果引入了需要在记录中展现的新信息，也可以有例外情况。然而，在进行渐进性纪律管理时，尊重员工意味着更加长远的目标，即通过拓展工具和资源来帮助员工成功扭转局面，重新回到自己的工作岗位。这种干预通常都会取得成功；就算没有成功，该记录也可以最大限度地降低公司因为不当解雇承担的风险责任，减少可能对公司造成的潜在损害。

效果和后果。可在有记录的口头警告、书面警告或最终书面警告的末尾应用如下用语："员工如不能立即改正，可能会受到进一步的纪律处分，直至公司与其解除聘用关系。"选择这类措辞的意图是无可厚非的。这涉及具体的期望和后果，旨在维护正当的法律程序，确保员工在这个过程中被公平对待，并且了解个人在未能改正的情况下需要承担的后果。

避免含糊其词的"后果"表述

注意事项：许多雇主完全省略了这句话，或者表述的后果含糊不清，如"如果这种情况没有得到改善，可能会产生严重后果"。这么做是非常错误的。当你决定解雇某一员工时，为该雇员辩护的原告律师就可能会在法庭上提出这样的问题："你说的严重后果是指什么？我的当事人是否已意识到，她会因为你提及的严重后果而即将失去自己的工作？如果我告诉你，我的客户，也就是你的前雇员，认为严重后果是受到进一步的纪律处分，你会感到惊讶吗？她被你在文件中提及的严重后果把她弄迷糊了，她并没有真正意识到自己的工作已经岌岌可

第二章
渐进性纪律管理的关键：将权利范式交回公司

危，因此她的正当法律程序被完全否定了。你怎么会期望当时她就知道这些呢？"简而言之，不要让你的文件聚焦在自己身上，而要使用上文推荐的语言，让员工清晰地意识到自己可能会被解雇。

正式纠正措施的替代方案：澄清信

许多管理者想知道是否有方法可以在不诉诸正式惩处的情况下表达出他们对员工绩效或行为的不满。答案是肯定的：正式的惩处是为了使员工改正错误而设立的，它聚焦于改变员工的行为或提升其绩效。通常情况下，非正式"咨询会议"（通常是沟通过程中的第一个自然步骤）会起到神奇的作用，并从一开始就解决问题。

如果最初的口头"咨询会议"未产生预期的效果，那此时可能需要一封澄清信。例如，假设你是医院的一名行政管理人员，对一名助理护士的表现十分不满，这位护士负责收取患者的检查结果和用轮椅运送患者。在口头通知她工作上的一个问题数周后，你仍对她表现出来的责任感和耐心不满意。你注意到，同样的冷漠行为再次在她身上出现：基

第二章

渐进性纪律管理的关键：将权利范式交回公司

亚拉未退还病例，当她不在办公室时，未使用部门的磁性定位板进行标记，还被一位患者投诉——她让患者坐在被雨淋湿的轮椅上。

是否需要出具正式的书面警告，或者你担心书面警告过于严厉，毕竟这只是一个十分轻微的违规行为？好吧，不要害怕。你无须再在口头指导和正式的渐进性纪律管理之间进行选择，因为现在有了第三种选择：澄清信可能就是让基亚拉意识到自己违规行为严重性的正确工具。请你将书面形式的澄清信交给员工，并且要求员工签字。从逻辑上讲，以书面形式呈现的内容会更容易引起人们的重视。

此外，当员工在签署与自己绩效或行为相关的文件时，会衍生出一种担忧，这种担忧很正常。他们觉得这些文件可能会在将来被当作其过去"黑历史"的证明。以下是渐进性纪律管理包含的内容：

- 向员工展示他们的工作业绩或个人行为存在什么问题。
- 告知员工如何纠正当前问题。
- 为员工预留足够的时间来解决问题。
- 清楚地记录员工没能达到预期结果所面临的后果。

澄清信会完成渐进性纪律管理的前三个目标（正面），而不会产生类似第四个后果般的刺痛——类似"进一步的惩处，直至被解雇"的表述。

事实上，应明确说明澄清信不是纪律文件。因此，员工不用有"被记录在案"的沉重耻辱感。以下为写给基亚拉的澄清信：

基亚拉，在过去三周里，我跟你沟通过我对你工作业绩或个人行为的担忧。具体来说，我已经告知你，你未能正确处理患者病例，出现了归档错误、将文件遗留在办公室未放回归档区等工作上的

第二章
渐进性纪律管理的关键：将权利范式交回公司

错误。此外，有患者投诉你用雨水打湿的轮椅将其运送到病患接送区。最后一点，在休息或吃午餐时，你有几次未正确使用磁性定位板，导致调度人员无法及时找到你。

基拉亚，这不是一份纪律惩处文件。它不会放进你的正式人事档案中，也不会与其他管理人员分享。但我已在文件中说明了我的担忧，此文件可帮你认识到多个小错误的严重性。令我最担心的是，你无法像过去五年一样，全身心地投入自己的工作当中。你似乎也不太关心自己的工作业绩，你的几位同事也同我表达了对你工作态度变化的担心。

我想让你知道我会尽我所能地帮助你。另外，我要求你全面满足医院对绩效和行为的所有考核标准。我知道你可能对改善现状有一些想法。因此，我们建议你以书面形式提出意见和建议，当然，如果你想进一步讨论这个问题，欢迎分享更多意见。但是，我希望现在这些以书面形式呈现的担忧会使你意识到当前问题日渐加剧的严重性。

请签署此文件，表明你收到了此文件，并同意承担改正这些问题和解决现有思想问题的全部责任。我知道你能做到，我会支持你。谢谢。

员工签字：

日期：

如果员工未能展现出可接受的改进效果，这份文件以后是否可以作为正式纪律处分的证明？当然可以！一份书面澄清信可轻松附加在正式书面惩处通知后，作为过去处理问题的证据。因此，这封信可以作为将来案例的佐证，因为这封信可以证明你向员工充分说明了（包括正式通知和非正式通知）她的绩效不合格。因此，原告律师想要成功证明你否认了员工的职场正规法律程序也会更加困难。更重要的是，由于一开始你并未以正式的惩处方式介入，因此员工有望以更加公正客观的态度看待你对该事件的处理措施。

第二章

渐进性纪律管理的关键：将权利范式交回公司

那么，什么时候是使用此类非正式信函的最佳时机呢？当出现重复性的个人违规行为，而且无伤大雅（如上例中的基拉亚），或者出现需要迅速纠正的群体违规行为时，就可以使用澄清信。在另一个示例中，如果你了解到你的几个直线经理正在交流有关之前员工就业的推荐信，那么面向员工的口头通知可能不足以表明你对解决这一问题的重视程度。不过，你也不用记录每一个人，因为过去没有正式实施过"无推荐信"规定。这是你最好的选择吗？试试以下澄清信模板：

致全体人员：

公司规定严格禁止向未来雇主提供离职员工的推荐信息。所有关于推荐信的请求都必须转交给人力资源部门处理。稍后，人力资源部门会提供离职员工的入职日期和离职前的职位信息。

如果推荐信包含离职员工绩效、性格或工作习惯等主观表述，特别是包含许多负面信息，那么它可能会使公司面临诽谤和其他法律损害索赔。出具此类推荐信的任何管理者，都可能会在此类索赔引起的诉讼案件中被单独点名，因此，大家都必须遵守这一现有规定。谢谢。

我同意不向任何外部雇主、职业介绍所或猎头公司提供任何背调信息，而且会将之后所有相关来电转接给人力资源部门。

员工签字：

日期：

在发出此类团体澄清信时，请务必要求员工分别签署各自的文件。同时告知他们你会将其签署的信件保存在你的部门档案中以备将来参考。此举会让他们牢记你所承诺的事情以及他们所做的遵守公司规定的承诺和将某一特定规定"重新放在首位"的承诺。但是，如果再发生违规行为，签署的文件也可为进一步的惩处措施提供有力支撑和证明。

在许多员工眼中澄清信是正式惩处的前奏，与

第二章
渐进性纪律管理的关键：将权利范式交回公司

没有负面陷阱的正式惩处有一样的预防作用。将此方法添加到你的绩效管理工具箱中吧，这个方法可通过明确期望来加强沟通，更重要的是，管理者通过给予员工尊严和敬意，使其员工参与到自我改良的过程中。

特别注意：

当正式惩处尚未实施而员工似乎尚未意识到你口头警告的严重性时，澄清信是一个可以偶尔使用的工具。但请注意，在正式惩处员工前，请勿总是出具此类信件。否则，你可能会无意间形成一个"在收到澄清信前不会有惩处"的惯例，这并不是该工具的目的。

决策假和"沉思日":有惊无险的戏剧性转变

主管和管理者面临的最大职场挑战之一便是当员工的工作业绩和个人行为总是让你失望时如何让他们做出转变。决策假也被称为"沉思日",通常情况下,触发决策假需求的事件都与员工的行为相关(而不涉及绩效或出勤)。在大多数情况下,作为管理者的你希望员工的行为会有所改变,这不仅符合你的利益,对该员工的发展也十分有益。

决策假通常会在以下场景中发挥作用:

1. 有特殊情况(在其家人是公司某位高层的情况下)的"问题员工",总是想要违反公司规定,但从未真正违反,虽然没有受到正式的渐进性纪律管理,但在此过程中他却令周围的人忐忑不安。在这种情况下,你要纠正这个员工长期以来的不良习

第二章
渐进性纪律管理的关键：将权利范式交回公司

惯，让他对手头的问题负责。

2. 一个表现出色的顶级销售人员认为自己可以为所欲为，因为只要他是团队中表现最好的人，他的位置就"无法撼动"。这种情况下，此员工的观点只有一半是正确的：他对自己的工作业绩和个人行为负责，但是他要明白，表现出色但是未能创建包容的工作环境或未能构建团队合作意识会使其整体表现欠佳；如果他仅满足绩效标准，但不满足行为期望，那他仅能拿到一半的分数，而这个分数在大多数公司中都是不及格的。

3. 一位长期任职的员工由于任期较长而享有大量的职场正当法律程序特权，而你希望在他的最终书面警告中添加一个决策假来提醒她面临着随时失去工作的风险。此时，你的目标是帮助员工意识到情况的严重性，并以法律手段保护自己的公司，因为"三振出局"的职场正当法律程序方法不一定对长期任职员工有效，法院可能会合理裁定你未向员工发布合理数量的通知,这不是一些简单的书面警告所能替代的。

决策假是一种带薪休假,给那些为公司带来大量麻烦的员工一个机会,重新思考自己是否要继续在公司工作。与停职不同,公司的书面渐进性纪律管理过程不一定包含此步骤。此外,在决策假期间员工的薪水不会因为离岗而扣减。员工真的可以享受一天带薪休假,仔细考虑为公司工作对其长期职业发展而言是否是一个正确选择。

如果这听起来过于宽松的策略会使员工"从做坏事中获益",那么不要太快判断此工具在职场实际工作中的有效性。原因如下:当你像成年人一样对待对方时,他们通常会以同样的方式回应。正式惩处往往是因不达标的工作绩效或不恰当的职场行为而对员工实施的惩罚,与此不同的是,决策假要更加微妙。员工拥有了自我反省的时间,将问题内部化并希望承担起解决问题的责任。同样重要的

第二章
渐进性纪律管理的关键：将权利范式交回公司

是，这些假期让员工尝到了失业的滋味——没有工作压力，在家枯坐一天——重新思考自己的职业选择。这种方式，不会让员工对雇主产生什么怨恨情绪，而会让其更有责任感。决策假的讨论内容可能如下所示。

阿什利，我们谈谈。我们之前沟通过的问题似乎没有解决，而且我怀疑你只是没有像对待其他事情一样认真对待这个问题。我们要尝试一些新的方法。你明天可在家休息一天。不用担心薪水问题，这一天的薪水会照常发放。但我想让你体验一下决策假或"沉思日"，在此期间，你可以好好考虑一下是否想继续在这里工作。不管是继续为我们工作还是决定离职，无论你怎样选择都不会遭到质疑，我都会支持你。

在你在家休息时，我真心希望你可以考虑下，此时此刻，我们的公司是否是你职业生涯的正确选择。我还希望你能反思一下自己的行为，这些行为给你的同事和我们部门带来了一些问题。如果你决定离职，只需在明天早上正常的上班时间来找我提交辞呈即可。无论你怎样选择，我都会尽己所能支持你，即使你选择离职也是如此。

另外，如果你决定继续留下来与我们一起工作，那你明天休假时有一个作业要完成。请记住，在不离职的情况下，你需要写一封信给我，反思我们共同经历的挫折和磨难，并承诺解决当前的思想问题。这封承诺信不会放进你的人事档案中，我会保存在我的办公室里。但是，如果将来这些问题仍然存在，我们需要对你实施某些渐进性纪律管理的话，那你写给我的承诺信将附在你收到的惩处警告后。

我的目标是尊重你本人和你的职位，但是你要终结过去数月内我们一直在讨论的工作表现反差巨大的问题。你现在明白我要这样做的原因以及未来的目标了吗？［是的。我明白了。］好的。不妨重

第二章
渐进性纪律管理的关键：将权利范式交回公司

复一下以上内容，以便确认我们达成了共识。[我明天可以在家带薪休假一天，重新思考下我对这家公司的承诺，以及我是否想继续留在这里工作。我有两个选择：要么提交辞职信；要么提交一封承诺信，为我们一直面临的问题承担责任，并承诺在将来解决这些问题。]

很好。你已经非常准确地理解了此次决策假的所有目的。你现在还有什么问题吗？[没有了，但我之前从没听说过这样的事，你觉得需要对我做这样的安排，这让我很难过。]我明白。这是一场完全私人的谈话，不会有其他人知道。我只是希望你能感受到这里所有的美好，但是，我也明白选择在人们生活中的重要作用，因此有时留下来也并非理想选择。不管怎样，我都会支持你。我只想要你去追求自己想要的。那我们后天见，到时再谈谈你的决定。

这个举措的关键之处在于不实施纠正措施，而且在对其薪水未产生任何负面影响的情况下让员工承担责任,这种方法会以"来自内心正常的愧疚感"激发一种更高的意识,而不是愤怒回应。愤怒是外在的,如果你是一个随意惩罚员工并扣减工资的糟糕的管理者,那么员工会被激怒,并辩称你才是问题的根源。相比之下,内疚是人类一种内在的情感,通过让员工承担当前问题的部分责任,迫使其审视自己的内心,更诚实、更客观地看待自己的行为。这是解决职场行为和态度问题的最终解决方式:帮助员工从内部深刻反思自己是想继续留下来还是想离职。

此带薪休假的意义作用在于迫使员工进行自我反思,而不受正规渐进性纪律管理的传统束缚。此举不会让员工离职时还觉着:"简直无法相信,我的领导不仅给了我最终书面警告,还扣了我的工资,她真是一个差劲的领导。"决策假则有很大不同,员工会想:"哇,我简直不敢相信,我可以用一天的

第二章

渐进性纪律管理的关键：将权利范式交回公司

假期来考虑是否要离职。她接受了我的辞职信，并支持我离职，这让我十分震惊。我想我最好还是听从她的建议，尽管我不喜欢这些，但我尊重她的处理方式，同时也意识到自己需要扭转局面。"

看到员工思维过程中的直接范式转移了吗？决策假的价值主张是，管理者通过赋予员工控制局面的权力来提升员工在过程中的地位。这种不干涉的做法消除了所有判断假象，取而代之的是一个完全由员工管理的客观实用的标准。简而言之，这根本与公司或管理者无关；而是关于员工是否愿意根据这些已正式引起了她严肃对待的问题重塑自身。

即使此干预不起作用，必须解雇该员工，决策假仍会让你受益良多。作为一名负责任的公司领导，你需要证明自己决定的合理性，而你的公司也会因创建记录而占据优势，当此事件演变为不当解雇案件时，该记录会最大限度地减少法律审查。你将把范式从"不负责任的公司，在帮助暂时出现绩效问题的员工改进方面几乎无所作为",转向"负责任的企业,竭尽全力主动帮助员工改善当前状况,并向员工表明问题的严重性和将来的期望,但员工拒绝负责任地做出响应"。

此决策假策略是一种低调、无刺激的员工干预策略,其精妙之处不言而喻。作为你工具管理箱中的一种工具,它可以帮助员工以雇主的视角看待问题,让员工远离伤害,同时保护公司所需的解决方式。

最后,决策假通常很少使用,而且只应在必要的情况下使用(如我们以上三个示例)。此外,请勿在过度缺勤的情况下使用这些策略:经常缺勤的员工最不需要的就是更多的休息时间!另外,我们的目标不是让决策假成为常规纠正措施的一部分,但我们可根据每个案例的具体情况使用这一工具,其不仅能够奇迹般地扭转员工的态度问题,还能够以其他方式保护公司使其免于承担与解雇长期员工相关的法律责任。

第二章

渐进性纪律管理的关键：将权利范式交回公司

最后一次机会协议与最终书面警告

最终书面警告是雇主和员工就可接受的提高工作业绩或纠正个人行为达成的最后一次机会协议。员工违反最终书面警告通常会被解雇；不然，公司纪律制度的完整性就被严重破坏了。

以下是最终书面警告的常用表达：

这是你最后的机会，你的工作也正岌岌可危。若你未能证明快速进行持续改善，将导致公司对你进一步的纪律处分，直至你被解雇。

然而，如果员工违反了最终书面警告的条款，但你认为自己没有充分的法律依据来解雇员工，那你可能需要再给该员工一次机会。通常用于最终事件事实不清或无法令人信服，以及员工在公司长期任职时，这种情况下再给该员工一次机会是一种合理行为。

例如，假设你有一位男性管理者被投诉存在性骚扰和营造敌对工作环境的行为，但你通过调查发现，部分证人认为该管理者没有性骚扰行为。如果该经理已经因违反公司的性骚扰规定而收到了最终书面警告，你会根据这次的调查结果解雇他吗？可能不会，因为根据这些证人互相矛盾的证词，很难清晰地了解事件的全貌。最终事件不清晰，可能很难证明解雇的合理性。不过，该管理者不应该在工作场所参与或放任这样的话题，因此可以适当给予一些惩处。你可以在给该经理的新惩处通知中声明以下内容：

在[日期]，你收到了一份最终书面通知，该通知声明如果你再次出现违反公司性骚扰规定的行为，你可能会受到进一步的纪律处分，直至被解雇。我们最近的调查显示，你可能参与并进行了可能会造成不友好工作环境的对话。但由于你未与发生在[日期]的对话发起人或参与者达成一

第二章

渐进性纪律管理的关键：将权利范式交回公司

致，我们这次不会解雇你。相反，我们会再给你一次机会。

请注意，这是你最后一次机会。今后在任何情况下都不允许违反公司的这一重要规定。你将对自己职权范围内产生的所有此类投诉负责，如果再出现此类投诉可能会被立即解雇。另外，我提醒你，我们公司对违反反歧视和性骚扰规定的行为是零容忍的。此外，对那些出于善意向人力资源部提出投诉的员工，不得进行任何形式的报复。

在对该管理者实施这一措施时，你既不会违反最终警告的内容，也不会开创危险的先例。相反，你应实施与违规行为相匹配的纪律处分，保护最初投诉的员工，并赋予该管理者正当的法律程序。你还可以避免因有争议的证人证词而引起的不当解雇索赔。

注意：最后的书面警告是惩戒的最后一步。不同的公司所用的最后一步选项不同，具体措施取决于公司的文化、历史和纪律哲学。以下是五种常见的最后一步选项及其使用建议：

1. 最终书面警告。推荐。使用这一术语的好处，便是可以清晰且有逻辑地遵循之前的口头和书面纪律处分。

2. 考察期。可以接受。有些公司不喜欢用"最终书面警告"一词，而是通过以下表述来暗示："如果你在接下来90天（考察期）的任何时间未能遵守部门工作准则和规程，或者未能达到绩效标准，你将被解雇。"90天考察期就相当于最终书面警告。

3. 最后一次机会协议。推荐。然而，一些公司将最后一次机会协议用作单独的非附属文件。我建议在纪律文件中加入最后一次机会协议表述。我们不会将最后一次机会协议用作惩处的最后一步，而是将其包含在惩处的最后一步流程中。

4. 无薪停职。由于处罚具有强烈的惩罚性，通常不建议使用。扣发小时工的工资，是一种让员工

第二章
渐进性纪律管理的关键：将权利范式交回公司

产生羞愧感的惩处措施，员工不得不向家人解释工资差异，这是一件令人尴尬的事情。

使用无薪停职，有以下几点弊端。首先，这是一项消极措施，没有积极意义。因此，这一措施可能与公司的宗旨相悖。其次，无薪停职增加了员工家庭的经济负担。从某种意义上来说，因为工资的扣减，员工的个人业绩或行为问题都由员工的家庭来买单。最后，当员工分享彼此的困境时，处于无薪停职状态的员工可能会产生牺牲者综合征。因此，我建议你尽可能避免传统的无薪停职处分。

5. 决策假。如情况符合，强烈建议使用。那些希望在员工关系活动中实现最佳效果的公司会让员工休一天带薪的处分假，这个假期也称为决策假或"沉思日"。与无薪停职形成鲜明对比的是，决策假在处分过程中消除了"毁损"机制，帮助员工专注于自身行为，而不是专注于管理者的行为。

被表现欠佳的员工威胁：危急时刻团队的战略性转变

"扭亏专家"一词通常指那些将亏损企业扭亏为盈的人，但是也可指那些因带领员工团队走向成功而树立了良好声誉的领导者。一个濒临失败边缘的团队或部门，对领导力扭转专家有着前所未有的强烈需求。尽管这种情况可能极具挑战，但若你能够帮团队恢复高绩效状态的能力，则可以充分证明你对公司的价值。

首先，当团队呈现崩溃态势时，你应该分析导致员工行为突然改变的原因是什么。寻找环境变化：危机通常发生在公司逐步提高绩效目标、下调销售提成比例或引入限制员工自由裁量权或选择自由度的新机制时。员工有时会强烈抵制变革，并通过一些行为来表达他们的不满。

第二章

渐进性纪律管理的关键：将权利范式交回公司

其次，评估你的一线领导团队。强大的领导者通常能够从容应对改变，让团队专注于结果的实现——即使当前的变化可能令人不安，或者以其他方式干扰日常繁忙的运营。但是，当团队濒临失败边缘时，直接领导有时就是问题的核心。无法进行适当沟通的管理者、不尊重员工的管理者以及在其管控领域过于装腔作势或情绪化的管理者，重则可能会导致这些问题，轻则无法减轻问题下属的不满情绪。

最后，关注那些强烈的个人声音，这些人会在这样的时机对他人产生不成比例的影响。困境中的部门经常会受到负面影响者的钳制，这些负面影响者会恐吓其他员工，他们是造成团队消极心态的元凶，他们有时甚至会恐吓自己的雇主，这也是雇主总是对他们避之不及的原因。当管理者产生这样的问题时，妥善处理问题显得尤为重要。

我们来假设这样一个场景，在该场景中，作为部门领导的你，发现了一个长期霸凌员工的管理者存在大量问题。处理此类困境的方式至关重要，这些处理方式决定了是否能为团队其他成员维护健康的工作环境以及是否可以创建适当的书面记录使部门免于法律审查和频繁的人员流动。

创建适当的团队书面记录

"专业原告"深谙如何让他人深陷泥潭之道。因此，他们经常肆意妄行，好像大家都拿他们无可奈何，也没办法以其他方式追究他们的责任。他们通常会获得"达标"的绩效评估分数。因此，至少从其档案来看，他们的行为是可以容忍的，他们的人事记录上表明他们的绩效没有什么特别值得关注的问题或值得担忧的事情。事实上，这些"问题员工"和职场恶霸可能会向律师求助，声称自己被霸凌，是失控系统的受害者。

但仅在你与人力资源部或自己部门的领导一起

第二章
渐进性纪律管理的关键：将权利范式交回公司

调查团队指控的情况下，你才能修改书面记录。假设除了这位特立独行的领导者，其他人都能跟你和睦相处，而这位领导对每个可能反对她的人都咄咄逼人，那么你会拥有一个良好的时机来召开小组会议，分享你了解到的看法，并重新设置管理目标。

根据你在调查会议上所了解的看法，可以借机出具澄清信，重申管理层对所有团队成员的管理期望。请参见之前讲到的澄清信。每个人都有一个新开始，你可以真诚地欢迎大家再次加盟公司，并告知员工，我们所有人都有机会重新开始。借助恰当的书面记录来概述将来的期望，你将为所有相关人员提供一个根据管理层的新特权来重塑自身的机会。你将给出明确的界限，澄清所有困惑，让伤口愈合。未来所有的违规行为都应该直接上报给你，而你现在提出了一个简单的解决方案，此方案让团队中的每个人都恢复常态。

重新设定管理层对问题领导者的期望

除了重新建立团队期望,你还有机会跟进了解该领导者的个人状况,毕竟这位领导者是问题的核心。根据你的调查和在团队调解中了解到的情况,除了向她出具团体澄清信,这位领导者还可能会收到书面通知(这种情况下,可能是书面警告或最终书面警告)。你还应与这位领导者探讨一下,其是否适合担任领导职务。

有了可以恰当解决团队目标和该领导者具体职场行为问题的书面记录,你将拥有足够的文件来恢复团队的秩序。这位领导者会收到公司的书面通知,从而以书面纠正措施的形式对她施行职场正当法律程序。

管理层现在可以收回控制权,以减轻她对团队其他成员的负面影响。因此,如果她最终提出诉讼,你将拥有有利于自己而非有利于对方的书面记

第二章
渐进性纪律管理的关键：将权利范式交回公司

录。在她下一次绩效评估时，人们便会发现，由于这一重要的最终书面警告，未能达到整个评估年度的最低期望值。这样一来，除了没有绩效奖励或奖金，她将收到一份记录在册的最终书面警告，以及一份她的不合格的年度绩效考核。这是你处理此类事件的记录种类。

这样团队便能恢复元气，重拾自信。在恰当记录其所作所为后，他们通常会安静地离职，因为他们意识到他们已经切断了自己在公司的未来发展之路。他们没有就自己的离职提出诉讼，因为公司已有的书面记录已经杜绝了此举措的可行性。自此，职场重新恢复了活力，重新步入正轨，重新实现了高效工作和平静的心态。

书面记录模板

渐进性纪律管理非常实用，但其主要优势之一在于打破存档正面绩效评估链。假设一个入职四年的员工，前三年年度评审结果都令人满意，并很快就会收到第四年年度评审结果，渐进性纪律管理可能会对书面记录产生如下影响：

第一年

无渐进性纪律管理记录

年度绩效评估"符合预期目标"

第二年

无渐进性纪律管理记录

年度绩效评估"符合预期目标"

第三年

无渐进性纪律管理记录

年度绩效评估"符合预期目标"

第四年

2月：出具记录在案的口头警告

5月：出具书面警告

9月：出具最终书面警告

12月：年度绩效评估"未实现预期目标"

第二章
渐进性纪律管理的关键：将权利范式交回公司

如果发生了违反最终书面警告条款的最终事件且事实清楚，那么管理者可以明确且合理地解雇该员工。员工的错误行为或不合格绩效会被记录在年度评审结果中，该记录在证明解雇合理性方面前后一致。

有问题的书面记录

糟糕的是，许多雇主发现，如果他们发布了纠正措施，但未能在年度绩效评估中得以展现，则会使自己处于劣势。让我们通过这些常见的问题记录来审视一下第四年：

第四年

2月：出具记录在案的口头警告

5月：出具书面警告

9月：出具最终书面警告

12月：年度绩效评估"符合预期目标"

如果发生了违反最终书面警告条款的最终事

件，而且事实清楚，那你无意间创建的前后不一的记录可能会使解雇这个决定变得一团糟。从本质上讲，尽管公司已经出具了口头、书面和最终书面警告，但你还是向员工传递了其全年表现"可接受"和"符合预期目标"的信息。这就是为什么对许多公司来说，年度绩效评估中的分数膨胀仍然是一个大问题。请记住，记录的一致性必须从渐进性纪律管理延续到年度绩效评估。从本质上讲，夸大的年度评审分数可能会成为一个巨大的障碍，阻碍你解雇明确违反最终书面警告的员工。

第三章

因故解雇、裁员和协商离职

第三章

因故解雇、裁员和协商离职

本章将介绍当你需要解雇一个或多个员工时,应如何处理由此引发的各种情况。不幸的是,解雇在所有公司中都是很现实的问题,但是你希望可以让员工以专业且合法的方式离职。

考虑到这一点,本章还将讨论在解雇前,考虑与员工及其绩效相关的所有因素的重要性(即保障其余员工的士气并防止潜在的诉讼)。本章将介绍在恰当情况下,何时通过什么方式提出离职方案,而非解雇员工。本章涵盖了你需要了解的选择开除员工,而非因故解雇的原因以及如何处理即时解雇和"协商离职"申请(而非因故解雇)。了解如何应对所有这些情况,将有助于公司公平地对待员工,避免进一步引发(法律)问题。

建议解雇前的记录审查

有时,解雇员工是必要的。在解雇员工前,请你确保充分考虑了各个关键问题,所有原告律师在案件分析及决定是否要向你的组织提起诉讼时都会考虑到这些问题。如果你还想加倍确保自己没有遗漏任何问题,那么这些问题对最终决策过程至关重要。对被考虑解雇的员工,建议在你采取任何解雇行动前,审查以下内容。但是,其仅能作参考查阅用;请勿填写或将其放入员工的个人档案或背调文件中。

离职核对表(仅供查阅)请勿填写或放入员工档案

在准备建议员工离职时,请查阅以下表 3-1 的要点。在解雇前的讨论中,与高级管理者或法律顾问分享所有相关问题。

第三章

因故解雇、裁员和协商离职

表 3-1 离职核对表

入职日期：
工作年限：
年龄（40 岁及以上员工享有重要保障措施）：
种族：
性别：
纠正措施记录：
最近的绩效评估分数和整体绩效评估记录：
当前职位的任职时长：
曾在本公司担任过的职务：
未决的员工赔偿要求： 有□ 无□
未决间歇性《家庭和医疗休假法》（FMLA）索赔： 有□ 无□
无劳动能力：例如，公司当前是否与该员工进行了《美国残疾人法案》的"互动过程"，或者以其他方式授予某种形式的保护休假、修改职责或其他合理的办公环境？ 有□ 无□

续表

妊娠史： 有□ 无□
因对组织提出善意投诉而受到报复性指控的可能性（"吹哨人"保护机制）： 有□ 无□
主管的年龄、种族和性别（以应对任何潜在的歧视索赔）：
该主管对该员工的管理年限：
是否是该主管聘用了该员工。如果是这样，歧视索赔可能更难证明： 是□ 否□
有关最终/最近事件的细节，这些事件可以证明解雇的合理性：
我们此时是否已了解员工的看法？ 是□ 否□
最终事件中是否有可减轻惩处的情况： 有□ 无□
如果有，请说明：
其他因素：

第三章

因故解雇、裁员和协商离职

通过这份简短的实用职场调查指南列表，你可以客观地判定某件"事实清楚的最终事件"是否可以作为解雇的理由。触发解雇的最终事件的性质尤为重要。违规行为越明确具体，解雇的理由就越充分。

相比之下，管理者应尽量避免可能看似无关紧要或缺乏客观度的小微最终事件。例如，如果用于解雇的记录看起来是你故意寻衅来开除该员工，那么你会受到质疑。

请扪心自问："如果某位表现极佳的员工也犯了类似错误，是否也会受到纪律处分？"如果答案是否定的，那该最终事件可能不足以作为解雇的理由。但如果答案是肯定的，你可以更加坚信自己在实施纪律处分方面的公正性，而且该解雇决定也更经得住法律审查。

如有疑问，请你咨询有相关资质的法律顾问。有了人力资源部门或律师的建议，你将可以更好地应对各种特殊情况。

无渐进性纪律管理记录员工离职方案

第二章介绍了如何实施渐进性纪律管理，以保障公司遵循员工享有的正当法律程序。但你可能会发现自己面临这样一种情况，你想辞退没有渐进性纪律管理记录的某位员工。如果某个员工的存在给公司带来了问题，但没有渐进性纪律管理记录和记录在案的不合格绩效评估，你要如何解雇该员工呢？这是一个棘手的问题。

你可能有权解雇员工。即便如此，如果你被质疑，也仍需证明自己在做这个决定时遵循了组织规定和过往惯例。如果你的辩护理由不够充分，那么该员工的律师会证明聘用关系真实存在，而非随意聘用，并且该解雇行为需要合理理由，你很可能会被迫接受庭外调解。

当你面临这种困境时，请考虑与员工面谈并开

第三章
因故解雇、裁员和协商离职

诚布公地说明情况。如果你公平地对待该员工,并给予其一段缓冲期,那你可能会增加该员工和平离职的机会。为了使员工同意"协商离职"或"协商解雇",你可提供的特别待遇包括:

- 离职方案:离职金应在完成文件签署后再发放。离职金是作为离职交换条件的合法报酬。请谨记,《老龄工作者利益保护法》(OWBPA)修订了1967年的《就业年龄歧视法》(ADEA),规定解雇40岁以上的员工必须至少要有21天的通知期。
- 再就业辅导(职业过渡)服务。
- 无争议的失业救济金。
- 严格基于历史绩效评估反馈意见的客观推荐信:当心那些仅描述正面属性的刻板推荐信。无论是从道德层面来说,还是从法律层面来说,你都有义务提供正反两面的评估信息。此外，当潜在雇主需要了解且向你发出介绍信请求后，你有义务真诚而善意地向其提供真实客观的信息。如果你为潜在雇主提供了错误或不实信息，并且那些公司根据你的推荐录用了这位员工，那如果这位员工后来出现了重大违规行为，那么你的名字可能会出现在未来的聘用过失诉讼中。但如果你的推荐信内容充满偏见，那该员工可能会起诉你诽谤。这就不难理解为何对大多数雇主来说，出具前员工的推荐信是一件很难的事情。

希望你为了让该员工在另一家公司拥有另一段职业生涯所提供的配合，会被视为是真实公正的。这条阻力最小的路可能会给该员工开辟一条轻松的出路，同时也让她保住了面子。而且，你还将收获一个充满尊重、敬意、公正和开放交流的职

第三章
因故解雇、裁员和协商离职

场环境。

另外，请务必让员工明白这将是她自己的选择，而你会尊重她所做的任何选择。毕竟，你正在为其他主管未能在年度绩效评估和书面警告中清晰地记录绩效问题而买单。例如，你可能会说：

艾娃，我猜你对我们的工作关系不是很满意，说实话，我也不满意。我已经和我们的部门主管和人力资源部门讨论过这个问题，而且我也邀请了人力资源部门的奥利维亚来参加此次会议，以便我们就一些解决方案进行讨论。

为了公平起见，我要告诉你，我跟奥利维亚说我需要启动渐进性纪律管理程序，并基于昨天的事件为你起草了一份书面警告。不过，我认为当前还有一个更大的问题有待解决，所以若启动可能会导致你被解雇的渐进性纪律管理措施，可能对我们双方都没好处。

奥利维亚认为我们最好坐下来跟你开诚布公地

谈一谈。简而言之，如果你对当前职位不满意，并想避免因书面警告和不合格绩效评估（可能会最终导致你被因故解雇）给自己的记录留下污点，那我们也许可以让你继续掌控局面，并且昂首离开。

我已获准向你提供为期三个月的离职方案，根据该方案你仍可依照当前费率缴纳医疗保险。如果你选择接受这一方案，你需要签署一份免责协议，免除公司的责任。而且，你不必现在就回答，你可以考虑一下，并在周末前告知我们你是否想接受此方案。

艾娃，我不想否认你在公司工作的这些年。同样地，如果是我面对这种情况，我希望我的雇主可以充分尊重我，并开诚布公地告知我："加入其他联赛的团队可能更适合自身的发展。"

如果你接受此方案，我们不会对你的失业救济金提出异议。你可以自己选择合适的原因来向团队成员解释你的离职。

第三章
因故解雇、裁员和协商离职

如果你不接受这个提议,也没关系。不过那时,我会委托奥利维亚帮我起草书面警告,而我已在今天这次会议前开始准备。我还会请她帮忙,就如何为你提供额外支持与我们双方进行讨论。再次声明,我将尊重你做的任何决定。在接下来的几天里,请告知我们你对这一切的想法,可以吗?

在这样的会议上,设置第三方见证人(在此例中为人力资源部门)尤为重要;否则,该员工可能会辩称她是受你胁迫离职的,你威胁她如果她不这么做,便会解雇她。这可能会导致"推定解雇"索赔,即员工声称自己是因为无法忍受工作环境而被迫离职的,也可以说是依照法律寻求类似不当解雇索赔的补救措施。如果这只是一个人反驳另一个人的言论,那作为雇主的你可能很难针对员工的指控进行辩驳。

出于同样的原因,重要的是让员工意识到,如果她不同意接受此离职方案,便会收到书面警告。

艾娃在做出决定前，需要事先知道这一点。否则，就会看起来像你在她决定不辞职后才给了她警告，法官或仲裁人很容易会将其视为你的报复行为。毋庸置疑，在与该员工进行谈话前，与人力资源部门或外聘律师就此类情况进行战略对话尤为重要。

最后，你的提案不必包含作为离职交换条件的离职方案。相反，你可简单地选择让员工在公司任职期间寻找另一份全职工作：

艾娃，我猜你对我们的工作关系不是很满意，说实话，我也不满意。我已经和我们的部门主管和人力资源部门讨论过这个问题，而且我也邀请了人力资源部的奥利维亚来参加此次会议，以便我们就一些解决方案进行讨论。

如果你想在其他公司找一份全职工作，我可以提供支持。我希望我们从一开始便坦诚相待，也免得你在每次面试时都战战兢兢或编造借口。

如果你想继续探讨这一方案，请谨记以下两点：

第三章

因故解雇、裁员和协商离职

首先,我们仍然是你工作排序里第一位的。如果你有面试计划,请提前24小时通知以便我们可以提前酌量分摊工作量以及相应的责任。其次,是我们以正式书面警告形式表明担忧的时候了。这在相当长的时间内都是必要的,如果你选择重新求职,而且是自己真正的选择,那你真的无法阻止我们创建所需的书面记录。

现在,我们将起草书面警告。请考虑一下重新求职的选项,我会尽可能地为你提供便利。你对此有什么看法?

此时的书面警告很重要,因为艾娃想重新求职的意愿不应阻止你对其绩效的管理,和对她寄予很高的期望。许多毫无戒心的雇主允许员工在其他公司重新求职,但后来才发现,这些员工利用了这种便利却没有遵守诺言。如果艾娃也是这种情况,如果你知道她没有遵守认真找工作的承诺,那么现在有了存档的书面警告,从现在开始的一到两个月内你会有更多的筹码来实施渐进性纪律管理制度。

简而言之,在你进行这场对话时,便为自己和公司做好了防护,这样就不会在数月后才因为意识到该员工没有遵守自己的承诺,而不得不重新实施渐进性纪律管理,并为此浪费了数月时间。

第三章

因故解雇、裁员和协商离职

立即解雇

一次违规行为便解雇,对管理者而言一直是一种挑战。但如果你没有解雇有恶劣行为的员工,反而会给公司树立一个不负责任的形象。

正如你可能猜到的那样,雇主有很大的自由裁量权,可对与偷窃、欺诈、挪用公款和严重不服从指令等相关的违规行为实施立即解雇。当涉及与绩效和出勤相关的违规行为时,雇主通常会按照公司规定,实施渐进性纪律管理。

本节将介绍在处理立即解雇时所必需的高难度对话。在所有情况下,管理者都应采取合理且负责的行动,避免疏忽或"将他们屏蔽在外"。即使是在非常生气和失望的情况下,管理者也要保持头脑的冷静。毕竟,给予员工尊重应该是公司文化的核心元素之一,即使有时一些员工会做些疯狂且不负责任的事情。

当然，你也有权追究该员工的法律责任，作为该员工对公司的赔偿，但这应与法律顾问进行讨论。这时，你要确定你方的追究行动是否值得进行，并权衡机会成本与你希望违规者能引以为戒的地方。

最后，请注意"你被开除了"并不是一个解雇员工的好方法，这剥夺了他人的尊严。尽管你可能觉得，该员工存在劣迹，但当你觉得需要立即解雇某位员工时，最好先彻底地调查这件事（例如，与律师一起调查）。

现在来看一下可能导致立即解雇的五种常见场景：员工盗窃、考勤作假、职场暴力威胁、性骚扰和不服从指令。

员工盗窃

盗窃形式多种多样：在零售店盗窃服装，将资

第三章
因故解雇、裁员和协商离职

金从公司账户转移到个人银行账户，私藏公司用于捐赠的旧电脑以及盗窃公司慈善捐款，并将其作为个人捐款使用，从而达到减税的目的。

不论什么形式，员工盗窃都应快速而明确地得到解决。当然，在启动解雇流程前，你总是想听取并记录员工的想法。请记住，即使你拍下了不当行为且有证人愿意提供证词并签名，你也绝对要听取员工的观点以保障职场正当法律程序。职场上总会有些怪事，有时你看到的并不一定是"实际情况"，特别是当有人被陷害时。例如，假如你有一段视频（来自公司的监控系统）显示一位员工将设备放进自己的卡车带走了，在你指责该员工盗窃前，请先询问其是否可以解释这些行为：可能是其他人要求他搬走了该设备。你不要草率地下结论。

考勤作假

这是一个棘手的问题，因为员工往往没有意

识到这不一定是受制于渐进性纪律管理的行为，而是可能被定义为需立即解雇的行为。根据事件的性质、严重程度和发生次数，公司有权在发现违规行为时解雇员工。如果公司规定这类违规行为不受渐进性纪律管理程序约束，而可能会导致立即解雇，将对规范员工考勤非常有用。

需要明确的是，并不是每一个考勤作假事件都必然导致解雇。例如，如果某位员工的考勤显示她上周的某天工作到了下午 5 点，但实际上她在下午 4 时 30 分便已离开，那么这种情况最好先通过简单的谈话来解决，向员工说明你希望他们在上下班时认真打卡。如果该员工第一次发生这类事，你最好使用这种方法。然而，如果两个员工长时间互相打卡，这样被打卡的员工就可以晚到，而不会被扣除工资。这种多次伪造实际工作时长可能会导致两位员工都被解雇。

第三章

因故解雇、裁员和协商离职

职场暴力威胁

一般来说,公司在应对暴力威胁时几乎没有自由裁量权。这是因为,一旦公司得知某位员工正在遭受另一位员工的威胁,那么公司有义务积极保护受威胁的员工,并为其他员工提供安全可靠的工作环境。如果公司不认真对待威胁及其产生的伤害或死亡结果,那公司可能会承担一系列的违规行为责任,如聘用过失、过失挽留、过失造成精神伤害和其他侵权索赔。根据不同情况,直接和间接威胁可能都属于这种立即解雇的情况。

性骚扰

存在性骚扰行为的员工可能会被立即解雇,也可能会受到渐进性纪律管理的约束:具体取决于员工行为的性质、违规行为的严重程度以及无数其他因素。

有人通常会辩称这种关系是两相情愿的。但问题是，你面临的将是员工所描述的情况，很难了解事件真相。这些案件对你的组织造成了异常严重的法律威胁，因此，当面临此类索赔时，除了合格的法律顾问，请你立即寻求人力资源部门的帮助。

不服从指令

不服从指令的违规行为主要有以下两种：①故意漠视领导的明确指令；②对领导表现出极度的不尊重。不服从指令可能会受到渐进性纪律管理或被立即解雇。这在很大程度上取决于该行为发生时周围的环境、员工在公司的历史表现和违规行为的严重程度。不要急着做出判断：如果最终的结果是立即解雇，最好低调而安静地处理，而不是在所有员工面前，制造一场冲突。

当某位员工在其他员工面前对领导大发雷霆时，作为管理者，你最好的选择是结束会议，解散

第三章

因故解雇、裁员和协商离职

其他员工,并邀请这位员工与你在办公室进行私下谈话。如果你们的会面有人力资源部门代表在场,或者你们通过电话或视频,邀请到了人力资源部门的员工,请让其主持当前会议。毕竟,无论你认为自己在管理团队方面多么客观和公正,你都需要一个客观的第三方来担任裁判和调解员的角色。人力资源部门或管理团队的另一成员均可加入,担任这场争议的仲裁者。

最后请记住,未经人力资源部门和高级管理层批准,不应解雇任何员工。任何公司领导者都无权当场解雇员工,这样做可能会危及你自身的工作和个人财务责任(因为你在工作进程和范围外行事)。无论你多么沮丧,证据在你看来多么清楚,都请你把解雇该员工的工作留给其他人吧。你可能正在开会讨论解雇的问题,但是在未获得高级管理层或人力资源意见和批准的情况下,单方面做出解雇决定需要承担很大的风险。

协商离职和因故解雇

有时，管理者会允许某些员工协商离职，而不用因故解雇。虽然你的本意可能是让员工根据自己的情况选择离职原因，但在同意这一选择前，请慎重考虑。

一般来说，解雇过程中的任何歧义都可能对公司不利。例如，如果一位员工没有遵守最终书面警告的条款，或者出现了严重的不当行为，那解雇将是一个合理的选择。为了减轻打击，允许员工辞职或让员工休决策假，同时允许其在找工作的同时继续领取工资，这些行为会被员工解读为雇主软弱的信号，更糟糕的是，员工会默认公司要为这一状况承担部分责任。因此，当所有的解雇文件和处理程序都已到位时，请慎重考虑是否授予员工辞职的权利。一位即将被解雇的员工，在离职前最后一刻进

第三章

因故解雇、裁员和协商离职

行的尝试谈判会模糊你已创建的记录。只需按计划完成解雇即可。如果员工担心在推荐信上留下解雇记录，只需确认公司在介绍信和就业证明上分享的入职日期和离职时的职务即可，不会提供员工的详细离职原因。

避免粉饰解雇原因是非常重要的。假设你以渐进性纪律管理的形式保障员工职场正当法律程序，请遵循公司的规定和惯例，避免出现意外情况。对于适用立即解雇的恶劣不当行为尤其如此，如偷窃、伪造、欺诈、篡改记录、职场暴力或严重的骚扰或霸凌行为等。为了"保全其面子"而允许其辞职，可能会感觉惩处力度不够，但此举会生成一个记录，即公司未因应立即解雇的违规行为而解雇该员工，这可能会在你就业惯例中开创一个并不受欢迎的先例。底线是，你创建的解雇记录中的任何含糊之处，都可能并将被用于对公司不利的诉讼中。

因故解雇应该是一种直接的管理方法。如果前雇员想摆脱这些指责，那你的好意可能会被扭曲；如果原告律师想将你的善意归结为别有用心，那他们会利用你这份好意。理由可能是："毕竟如果他的行为如此恶劣的话，为什么公司会允许他辞职呢？听起来像是因为这家公司对此事的处理不当，所以正在试图遮掩些什么。"如有疑问，请务必在同意因故解雇员工以自身原因辞职前，咨询专业的法律顾问。此类让步最终会对雇主造成很大的伤害，你创建的书面记录将永远是你诉讼过程中的主要辩护证据，所以不要在最后一刻退缩。

特别提示：为离职员工提供其历史绩效评估的复印件

当你解雇员工后，最好向其提供历史绩效评估复印件。然后，他们就可以与未来雇主自由分享这些评估（如果他们愿意分享的话），展示自己过去的业绩，并以此来代替前主管通过电话或在线调

第三章

因故解雇、裁员和协商离职

查问卷提供的背调信息。你只需告知离职员工，根据公司规定，我们不会向潜在雇主提供推荐信，但你可以自行向其分享这些历史年度评估，来说明自己的绩效水平。这些文件对大部分雇主而言已经足够，他们也只是想了解你的实际绩效，而这些绩效评估清晰地记录了你的优势、发展领域等。

前任管理者和人力资源部门都无须再为未能帮助该员工找到新的工作而遗憾：绩效评估会说明一切，当涉及不允许某位应该被解雇的员工自己辞职，或者未向其未来雇主提供推荐信时，你不用再内疚。之前的绩效评估会让你摆脱两难的局面，让员工直面自己的职业生涯管理和将来的工作机会。

员工可以撤回口头辞呈吗？

当某个员工——特别是表现不佳和有问题的员工——提交了离职申请，却在最后一天改了主意，你应该怎么做？她是否有权在两周的通知期限到期前，要求你撕毁她的辞职信或以其他方式留用她？

这取决于具体情况。作为雇主，你有权相信该员工会遵守承诺离职，并在双方商定的时间结束聘用关系。正如大多数就业律师会提醒你的那样，如果要依法追究此事，你如何利用员工的离职申请将成为关键。具体来说，如果你对该员工的辞职未做出真正的"信任活动"，比如发布她的工作职位、重新分配她的工作职责以及面试新的求职者等，那在法官或仲裁员的眼中，员工很可能在其通知期内随时撤回自己的辞职申请。事实上，如果你能在两周的通知期内，通过内部提拔或外部招聘填补此职

第三章

因故解雇、裁员和协商离职

位空缺，那你将有充分的理由拒绝该员工继续留任的请求。

此外，当员工口头通知你，她计划在"几周后"或"下个月"或在没法确定具体日期的情况下离职时，你可以采取以下常识性步骤：

- 让她以书面形式发出通知，并注明具体离职日期。只需说明这是公司要求，以便你可以提前规划人员配备和预算审批。
- 如果员工迟迟不提交书面申请，只需发邮件跟其确认即可。该邮件成了一个确凿的记录。给该员工的说明可以这样写："凯莎，很感谢你告诉我，你打算在今年10月11日（星期五）辞职。我会将此人事变动通知人力资源部门，以便他们申请预算和发布该职位的招聘信息。我为你决定搬回芝加哥感到高兴，祝你一切顺利。"

用人的艺术

- 如果员工说她决定在"三个月"后离职,但并没有说明具体日期,这就很棘手,你需要寻求一些帮助。首先,如果公司有人力资源部门,那请你先联系该部门。如果没有人力资源部门,请与你的直属上司商量,并通知你的部门主管和内部法律顾问。泛泛的"三个月通知"无法为你提供准备交接所需的信息。请注意,此类员工通知通常会在员工行为将被记录在案、收到最终书面警告或被列入绩效改进计划时出现。他们希望你能因为他们要离职的决定而忘记发布惩处警告。令人惊讶的是,三个月后,他们并没有离职,因为他们的计划发生了改变。那你将错过在之前惩处该员工的机会,这有点让人措手不及。在任何情况下,雇主都应避免这种情况。在大多数情况下,你同样有权通知该员工,她只需提前两周通知,两周后离职即

第三章

因故解雇、裁员和协商离职

可，但同样地，这样的情况可能也有问题，因此建议咨询专业的法律顾问，一起制订辞退策略。

这难道不是一场惨痛的教训吗？当你得知表现不佳的"问题员工"想要离职时，先不用高兴得太早，你还有工作要做。具体来说，就是尽快填补职位空缺，或者至少通过发布该职位的招聘信息、重新分配她的工作，并开始内部竞聘和外部招聘面试，来证实你认可了该员工的辞职通知。如果你能证明，针对她的通知，你采取了相应的行动，而不是只是简单地接受了辞职信并归档，那你在规避不当解雇索赔方面将更有胜算。在就业市场中看似微不足道或循规蹈矩的事情，可能会在原告律师的显微镜下获得新的活力，所以，请记住：凡事预则立，即如果你在事情发生前便预料到了，那你便可以为应对此事进行更好的准备。恰当地处理员工离职并不像你想象的那么简单，如果未能积极处理，则可能会触发"地雷"。

领导技巧：在员工提交辞职申请的当天，让其离职

如果员工提前两周向你提交辞职申请，而你想让该员工在当天便离职，那你需要支付这两周的薪水。这就完成了该员工做出的辞职承诺。不这样做，很可能会无意中将该员工的"辞职"转变为法律认可的"解雇"。如果你被质疑，你可能很难在潜在不当解雇诉讼说明缘由。因此，要避免因设定与员工最初提供的离职日期不同的解雇日期而踩到"地雷"，而这些"地雷"可能会引发后续法律问题，而要规避这些难题，则需支付该员工解雇日期前的所有薪水。

第三章

因故解雇、裁员和协商离职

如果不能开除某些员工,是否可以裁减其职位?

职场最大的误解之一便是公司可以不实施渐进性纪律管理而直接裁掉表现最差的员工。几乎在所有情况下,在涉及处理不合格绩效问题时,渐进性纪律管理都是首选的方法。为了避免这些潜在的危险的"地雷",你需要了解以下内容。

领导者想要避免渐进性纪律管理和解雇的相关冲突,经常会寻求阻力最小的方式——无过错裁员,因为这种方式可以更快地结束聘用关系。在考虑裁员时,你需要遵循某些法律和实践指南。具体来说,你需要评估哪些员工适合裁减,你需要多长时间才能重新填补该职位以及你因不当裁员而面临法律质疑时会发生什么。

请记住,你裁减的是职位,而不是员工。换句话说，你的书面记录必须反映出，由于正当的业务需求，某个职位将被裁减，而目前就任该职位的员工将受到影响，因为该职位不再有工作需要汇报。如果你想裁减一个"问题员工"，那么裁减该员工所在的职位可能是一个十分错误的决定。毕竟，你仍需完成该工作。

即使你有了合理的工作理由来裁减一个职位，那在确定裁减哪些员工方面也很难选择。请谨记，你不能只是因为他是表现最差的员工或者因为他恰好处在要被裁减的职位上就将他选为裁减对象。你必须先确定部门或公司中最不能承担剩余工作责任的员工。然而，纸质记录中最不合格的员工，最终可能会成为表现最佳（尽管是最新的）的员工。

让我们用一个例子说明这些概念。假设你想裁减营销部三个营销助理职位中的一个。由于当前营销部有三位员工担任行政助理，而你可以从中选择一位进行裁减，那公司就需要进行"同侪分析"，

第三章

因故解雇、裁员和协商离职

以查看当前三人中，哪位在裁减该职位后最不适合承担剩余工作责任。

首先，你需要先列出团队中拥有类似头衔和承担类似职责的所有员工。其次，审查该职位取消后，需要完成的剩余工作的性质。比如，如果正在考虑取消服务于社交媒体团队的助理职位，那就需记录在裁减该岗位后，该团队仍需承担的责任。职位描述对此类比较非常有帮助。

再次，确定营销部三位助理中最不适合承担剩余工作的一位。实质上就是你要比较三位员工的基本工作职责、先前的工作经验、技能、教育背景和专业证书等。此外，还需根据员工的年度绩效评估、任期和渐进性纪律管理的历史记录，创建恰当的书面记录。在员工加入公司之前，审核一下其工作经历是十分必要的。

最后，一旦对可能可以胜任剩余工作的三个员工进行了记录对比，那就可以决定哪位是最不合适的员工了。如果因为持续性的绩效或行为问题，你便可以将该员工锁定为裁员目标了。

但这种情况很少见。更常见的情况是，表现不佳的员工可能不是最不合适的员工（基于你对所有相关标准的审查）。事实上，根据我的经验，你想裁减的表现不佳的员工通常任期最久，同时拥有多年"达到预期目标"的历史绩效评估。在这种情况下，裁减该员工可能会是非常危险的选择（原告律师稍后可能会质疑你的结论）。如果你的记录不足以支持你裁减这位"问题员工"，那你将不得不裁减另外两位助理中的一位。当然，这意味着裁员对你而言将不再是一个可行的解决办法，因为这个方法无法裁掉那位引发所有问题的行政助理。因此，你必须再次回归老办法，使用渐进性纪律管理记录来管理员工。

但请等一下。在处理表现不佳的员工时，在确认裁员是否是适当的雇主行为时，还需要考虑另一

第三章

因故解雇、裁员和协商离职

个关键因素。你还需要知道，法官和陪审团对裁撤职位和员工时的雇主责任有一定的期望。其实逻辑很简单：如果公司有合理的理由裁撤职位，那该公司可能在近期无须再重新设立该职位。如果公司这么做了，那法官和陪审团会认为公司最初的行为都是为了裁减员工而找的借口。也就是说，法官可能会被说服，认为所谓的"裁员"实际上就是因故解雇，而这显然会影响公司在诉讼中的可信度。

该职位需要空缺多长时间？具体取决于你所在州的法律。例如，在加利福尼亚州，如果存在潜在的违反法律的情况，那对许多非法聘用行为而言，有两年的时效限制。换句话说，离职员工可以在违法行为发生之日起两年内提出诉讼。因此，对加利福尼亚州雇主而言，最安全的做法是最少等待24个月，再填补之前已经取消的职位空缺。

如果这位加利福尼亚州的雇主想在12个月后冒险填补这个职位，那么会怎样呢？那如果前雇员知道自己之前的职位被重新填补，然后聘请原告律师来追诉此事，那他们所寻求的损害赔偿将类似于不当解雇索赔。如果你需要遵循因故解雇的标准，那你需要提供相关文件，证明这是因员工工作表现不佳、不当的职场行为或严重缺勤等原因而采取的解雇措施。如果你裁减的是你认为绩效最差的员工，但该员工记录中没有任何纠正措施，那要满足裁减该员工的条件并非易事。

因此，你的公司和员工可能需要达成庭外和解。损害赔偿可能包括工资损失赔偿、精神损害赔偿、原告律师费以及雇主行为不端的严重案例中涉及的惩罚性赔偿。要牢记底线：渐进性纪律管理是处理不合格工作绩效或不当职场行为的最佳方式。以裁员为借口解雇员工可能在最初比较容易实施，但如果事情最终进入诉讼程序，这一方式可能会让你的公司陷入困境。

第三章

因故解雇、裁员和协商离职

在裁员后安抚团队其他成员

离职，特别是因为裁员或解雇造成的同事离职，会让留下的员工感到焦虑、不安和痛苦。恢复职场信心极具挑战性。你要如何传达这些坏消息，才能治愈离职员工给留下的团队成员造成的创伤？根据解雇原因（即是因绩效和考勤问题，不当行为离职，还是因为裁员而离职）的不同，你告知员工离职的方式也会有所差异。

因绩效和考勤问题而被解雇通常不会凭空发生。员工收到纠正措施通知，得知自己面临被解雇的风险，便常会跟同事分享这些带给他的沮丧和失望，既有对自己的，也有对雇主的。渐进性纪律管理导致的因故解雇通常不会太令人吃惊，因为周围的同事一般都了解情况。

在这种相当简单的情况下，向团队做一般性的声明即可，即约翰不在公司工作了。关键是保持声明的简洁和对员工的尊重。你可以进行如下简单声明：

大家好，我之所以召开这次会议是想通知各位，约翰不在公司工作了。约翰在过去两年半的时间里同我们并肩作战，我们很感谢他所做的一切努力。但他已于昨天正式离职了，为了保障业务正常运转，我们接下来将讨论如何填补这一职位空缺以及如何临时重新分配一下他的工作职责和任务。

如果有任何疑问，可以单独来找我。出于对约翰隐私的尊重，我希望大家对此保密，以便所有相关人员能顺利完成交接。还要谨记，任何来自外部（其他雇主或人力资源公司）的就业推荐信请求，请务必转交给人力资源部门处理。谢谢大家。

请注意，出于对员工个人隐私的保护和尊重，公司不会提供员工的离职原因。这是一个公正、透明和真诚的声明，同时也是一种抚平团队成员创伤

第三章
因故解雇、裁员和协商离职

使其继续投入工作的好方法。

如果员工因为严重的不当行为被解雇,那可能是因为其出现了骚扰、霸凌、歧视、暴力、严重不服从指令、偷窃、欺诈、挪用公款、篡改记录等违规行为。这些情况下的解雇可能比较令人震惊,因为其他员工不知道任何细节,可能会胡乱猜想。因此,此声明虽然与前面的示例类似,但更专注于指示和指导,而不是仅仅通知人员离职的消息。例如:

诸位,我之所以召开这次会议是想通知各位,奥利维亚不在公司工作了。我无权向诸位透漏细节,而且出于对奥利维亚隐私的尊重,我要求各位不要臆测其离职原因。我想告知诸位的是,我们十分尊重奥利维亚,我们认真听取了她的意见,并基于我们了解的情况采取了相应的措施。

具体要求是,大家需将所有索要奥利维亚绩效推荐信的来电转接给人力资源部门。我要提醒诸位，根据公司规定和现行的实践方法，我们不向外部的第三方（如潜在雇主或猎头）提供推荐信，违反这一规定的员工可能会给自身和公司带来严重后果。

此外，出于对奥利维亚隐私的尊重，我正式通知诸位不要议论此事。大家可以做到吗？

尽管这些信息可能看起来非常神秘，但重要的是提醒团队成员，在任何情况下，都不要参与第三方的背调。提供背调信息可能使公司面临侵犯隐私和诽谤（诋毁）索赔，并可能使推荐人和公司承担令其丢掉工作机会的工资损失赔偿。换句话说，诽谤索赔是有道理的，团队中没人希望自己的名字会出现在离职员工对公司或公司中特定员工的诉讼案中，因为糟糕的推荐信扼杀了奥利维亚获得新工作的机会。

裁员与因故解雇不同。在解雇时，员工因自身的一些可控因素而从公司离职：例如，工作量不

第三章
因故解雇、裁员和协商离职

达标，上班迟到等。相反，在裁员期间，职位被裁减，该职位的工作人员因此被裁减（通常不是由于他们自身错误而离职）。

当团队中某位员工因为职位裁减而被裁员，请你与剩余成员会面，并开诚布公地说明事情的始末：

各位，我召开此次会议是想跟各位说明，很遗憾，我们部门裁减了一个职位，雅各布也因此被裁减。我知道，这种消息总是会令人心中不安，因此我想把大家召集起来一起讨论下这件事。

我想告诉各位的是，雅各布在得知这个消息时表现得非常专业，并表示自己没问题。他知道自己会找到新的工作，因为他离职前在公司的信誉非常好。我们非常尊重和看重他，他也以同样的态度回馈我们，所以我们相处得很好。因此，如果你在工作之余遇见他，也不必觉得尴尬。

最后，我要说的是，公司暂无进一步的裁员计划。因为剩余的人要分担雅各布的职责，因此下一步，我们将认真研究雅各布的职责。正如我们一直所说的，感谢诸位的支持。

在处理员工职位裁减的沟通方面，这种方式既专业又体面，因为它回答了人们当前迫切想知道的问题："雅各布会得到很好的照顾吗？我们的工作现在也岌岌可危了吗？"简而言之，开诚布公地回答团队的疑问，并让他们专注于重要的事情上，即他们仍是这家公司的员工，仍有工作需要完成，公司比以往更看重他们。而你也需要他们的支持以恢复团队士气，在全新的出人意料的挑战中重塑自己团队。

本书的精髓，明显侧重于尊重员工，让他们为自己的工作业绩和个人行为负责。本书的目的不是想让你变得多疑，而是想让你了解到问题绩效、不当行为或缺勤所带来的挑战，而这些挑战会阻碍员工以合理的方式为公司做出贡献。

第三章
因故解雇、裁员和协商离职

　　我们的目标是为领导力增强原则积蓄力量，而所有商业领袖在自己的职业生涯中都会需要这些原则。借助介绍给你的快捷方式、技巧、模板和示例脚本，你可以更加自信地应对可能出现的挑战。请记住，最重要的事情是要给予员工尊重，注重自己的领导能力、沟通能力和团队构建能力，并实施基于无私领导的教练文化，这会最大限度地减少你使用从本书中学习到的领导力增强原则来应对挑战的机会。但是，在需要时，你要做好自我培训，为自己和公司做好充分的防护工作，以免承担不必要的责任。

　　希望你现在已经做好准备，来应对任何可能的工作业绩和行为的挑战。感谢大家陪我一起走过这段旅程！